Identidades *en español*

BRINGING REAL SPANISH TO LIFE

1

Student Book

Equipo **Identidades**

© Editorial Edinumen, 2021
© Authors: Marina García and Jesús Esteban
© "Pronunciación y ortografía" Authors: Esther Beltrán and Aarón Pérez

ISBN - Student Edition: 978-84-91796-11-4
Depósito legal: M-8209-2021
10 9 8 7 6 5 4 3 2 1 GLO 22 21
First published 2021
Print date: 0522
Printed in Spain by Gráficas Glodami

Series Consultant:
Norah L. Jones

Editorial Coordination:
María José Gelabert and Mar Menéndez

Design:
Juanjo López, Sara Serrano, Carlos Casado and Elena Lázaro

Cover Design and Layout:
Juanjo López

Illustrations:
Carlos Casado

Recording Studio:
Producciones Activawords

Video series:
Hostal Babel, created and produced by Edinumen

Photo Credits:
See page AP 24

Edinumen USA Office
1001 Brickell Bay Drive Suite 2700
Miami 33131, Florida
Telephone: 7863630261
contact@edinumenusa.com

Identidades *en español*

Welcome to your new Spanish experience!

With **Identidades en español**, you will:

- Apply your own experience, knowledge, and opinion in the contexts of each Unit.
- Use accurate, meaningful Spanish from the beginning as a tool for self-expression.
- Receive authentic input and be able to share your own ideas through authentic communicative output.
- Participate in lively intercultural and linguistic communities.
- Experience the beauty of the diversity, as well as the unity, of the Spanish-speaking world.

You'll experience beauty, rich context, quality media, and an immersion experience on every page. Find your own voice in Spanish by applying what you learn immediately to express your own life and thoughts.

Unique to **Identidades en español**, you'll find authentic, context-centered examples from the worldwide Spanish Corpus of the Real Academia Española. Use this tool to immerse yourself in the living and variety-filled nature of Spanish — and to choose, if you wish, a path of language focus for your own future.

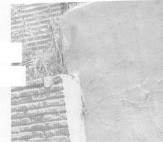

You'll have opportunities on every page to reflect on and compare your own cultural products, practices, and perspectives with those of the diverse Spanish-speaking world. By doing so, you'll truly participate as a global citizen from the very first days of your course, and gain confidence to study for fluency and proficiency to make Spanish a tool for your life and work.

Welcome to your Spanish experience, to your identity as a multilingual world citizen. Welcome to **Identidades en español**.

Norah L. Jones

Identidades en español

Enter into a Spanish course that brings contemporary Spanish to life through active learning. Students will enjoy Spanish and become lifelong language learners.

Powerful instructional design

Identidades en español combines **context- and task-based learning** that integrate student experiences and knowledge.
This approach facilitates learning, **carefully scaffolding content** so that, when faced with tasks, students already have all the tools necessary for success.
From the start, students are **active participants** in their own learning, and develop their own "Spanish tool kit" to express themselves clearly and effectively at all times.

The role of the Corpus of the RAE (Corpes XXI and CREA)

In order to incorporate language models that mirror real-life usage, Identidades en español includes **authentic extracts** taken directly from the Corpus of the RAE (Real Academia Española), labeled according to their region of origin. These extracts, which appear next to the instructional models, demonstrate clearly and powerfully to students the **richness** of worldwide Spanish usage. Students see a **living language**, with **variations** of word choice and syntax, culturally-sensitive constructions, grammatical variations, and information on frequency of use —all possible only through access to the great language database of the Corpus[1].

> **México ›** alberca : *Una casa inmensa, terraza con vista a la playa, **alberca** y un piso con sala de estar.*
> **Argentina ›** pileta : *Por ejemplo, nunca meterse en la **pileta** sin avisar a los mayores.*
> **Latinoamérica y España ›** piscina : *La urbanización dispone de zonas comunes con jardines, **piscinas** y pistas de pádel.*

Frecuencias, the precursor of **Identidades en español**, was reviewed by the Real Academia Española for linguistic, grammatical, and lexical accuracy.

[1] Every example of these tables has been extracted from REAL ACADEMIA ESPAÑOLA: Banco de datos (CORPES XXI) [en línea]. *Corpus del Español del Siglo XXI (CORPES).* <https://www.rae.es> [2019-2021]

A global vision of the Spanish-speaking world

Students build both cultural and communication skills through their interaction with **intercultural content** focusing on the products, practices, and perspectives of Spanish-speakers world-wide. **Cultural diversity and insight** is found in all activities, as well as specifically in the Culture feature and in the video series *Hostal Babel*.

Students are immersed in contexts, images, text, and authentic media that demonstrate the **diversity** as well as the **unity** of the Spanish-speaking world. Through the power of Identidades en español, students become part of an intercultural and multi-lingual global community.

Attractive and motivating audiovisual material

Identidades en español presents the *Hostal Babel* video series, a situation comedy specifically created for the program. Through an interesting storyline of daily life of five young people from different Spanish-speaking countries, students experience the content of the unit and the linguistic and cultural diversity explored through the Corpus. *Hostal Babel* is fully integrated within the program, providing motivation and models for students throughout.

Unit Structure

The Student Book comes in print, in eBook digital format, and with access to the digital expansion and resources on ELEteca. Each level of Identidades en español provides ten instructional units of eight sections each. Each of the eight sections consists of a two-page spread through which students receive multi-modal instruction, corpus-informed practice activities, and a culminating application task.

Each of the eight sections has a specific objective:

1. **Presentation** of the unit context
2. **Activation** of students' prior knowledge and experiences
3. **Vocabulary acquisition** presentation and activities
4. **Grammar presentation** and activities
5. Four-skill communication-centered **task-based activity sequence**
6. **Cultural presentation** and activities
7. *Hostal Babel* **video series** with pre-, during-, and post-activities connecting media and unit content
8. Student reflection and **assessment**

Activities are designed for various approaches: individuals, pairs, small groups, and whole-class. Special attention is paid to development of collaborative skills and communicative opportunities. Activities are labeled as follows:

En parejas

En grupos pequeños

Todo el grupo

The Student Book also has a **Pronunciation and Orthography Appendix** with ten sections of presentations and activities that can be used to support communication skill development.

Identidades *en español*

DIGITAL RESOURCES

ELEteca Online Program

ELEteca's online program for Identidades en español provides a motivating online environment that invites students to take control their learning by providing a menu of opportunities to practice, apply and extend their linguistic and cultural proficiency.

ELEteca

The integrated instructor-student feedback system is a perfect complement to hybrid and remote coursework in which students develop both communicative and digital skills.

Aplico.

More than 500 interactive activities for each level that allow students to practice what they learned in every section of the student book.

Amplío.

Skill-building laboratory helps students improve their listening, speaking, reading and writing skills.

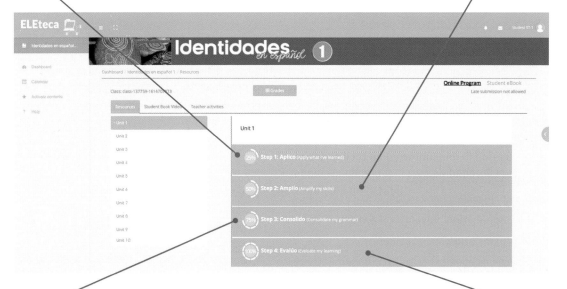

Consolido.

A compendium of beautifully crafted grammar slides, accompanied with practice exercises helps students to absorb and understand the most significant Spanish grammar topics.

Evalúo.

Over 250 online assessments included per level to help teachers and students determine their progress on unit content.

Interactive eBook

The Interactive eBook is a sophisticated tool that permits students access to their text and activities wherever and whenever they are.

The program also includes access to the Student e-book.

Fast navigation.

Intuitive, user-friendly access to specific pages and sections, highlighting, and multimedia resources (audio and video).

Interactive activities.

Auto-correct activities connect student results with the instructor eBook, allowing rapid and effective feedback and assessment.

"Point-of-use" media.

Multimedia content is accessed directly on the page with the corresponding activity.

Study aids.

Integrated highlighting and note taking functions provide the student effective tools to take control of personalizing their learning.

App for offline access

Librería Edinumen eBook

With the Librería Edinumen app, students can access their eBook even when there's no internet available.

Unit Structure

Portada. Unit Opener summarizes the major objectives of each unit, along with images and questions that introduce the theme and activate motivation.

Cognate-rich questions open with motivation.

Clear learning objectives help students begin with the end in mind.

Recommended configuration of class groupings for activities.

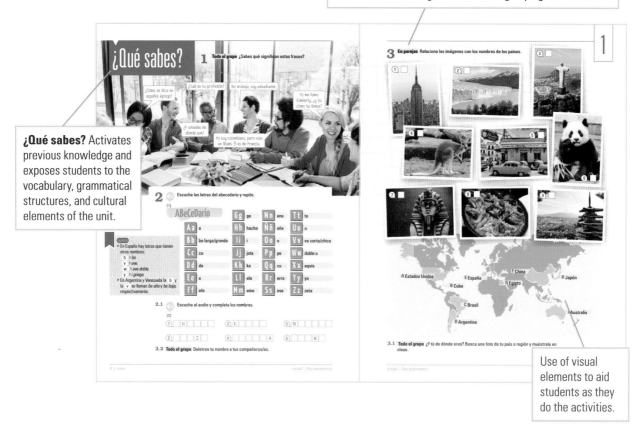

¿Qué sabes? Activates previous knowledge and exposes students to the vocabulary, grammatical structures, and cultural elements of the unit.

Use of visual elements to aid students as they do the activities.

Palabras. Lexical activities using contextualized unit vocabulary, designed and sequenced so that students discover words or expressions and learn to combine them and use them in context. This learning is carried out through oral or written texts, images, definitions, semantic tables… allowing students to deduce and interpret meaning.

Call-out boxes highlight or help students remember important content.

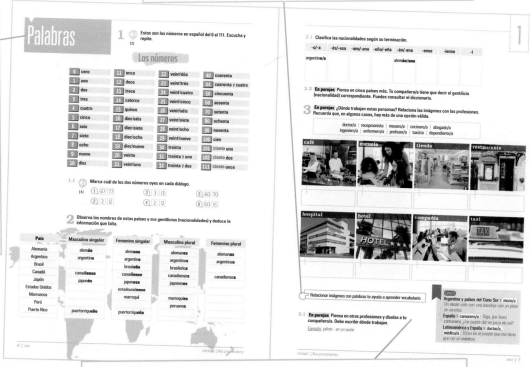

Corpus tables point out lexical differences between Spanish in Latin America and Spanish in Spain with examples taken from the corpus.

Gramática. Grammar is presented in concise tables to facilitate learning. Students develop grammatical competence through guided practice and scaffolded activities that reinforce the content of the unit.

Corpus tables present information about grammatical concepts (contrast between Spanish in Latin America and Spanish in Spain, frequency of use, regional vocabulary usage, etc.) with examples taken from the corpus.

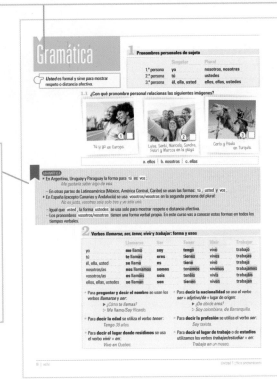

Practica en contexto.
Students interact through coherent, well-designed, sequential, and meaningful communicative tasks. In completing these, students apply their knowledge acquired up to this point with comprehension and oral and written activities while interacting in various configurations of grouping.

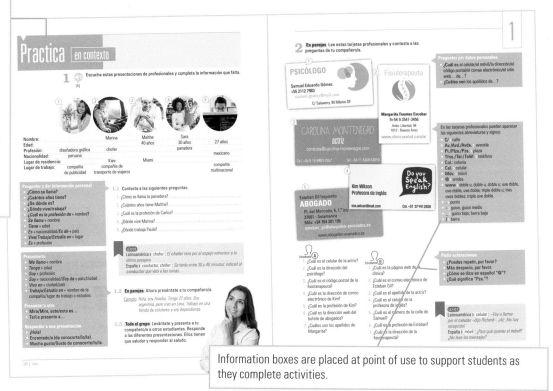

Information boxes are placed at point of use to support students as they complete activities.

Cultura. Cultural content is presented in a highly visual and dynamic sequence, with attention to sociocultural issues in Spain and Latin America.

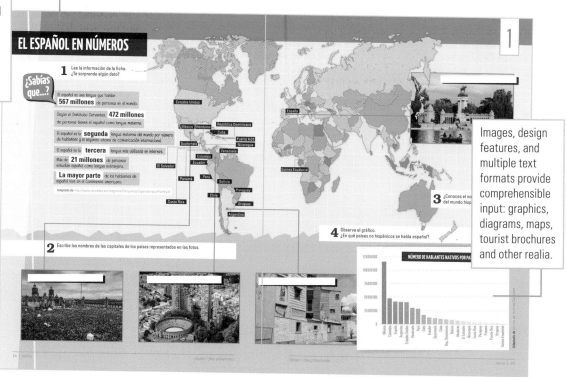

Images, design features, and multiple text formats provide comprehensible input: graphics, diagrams, maps, tourist brochures and other realia.

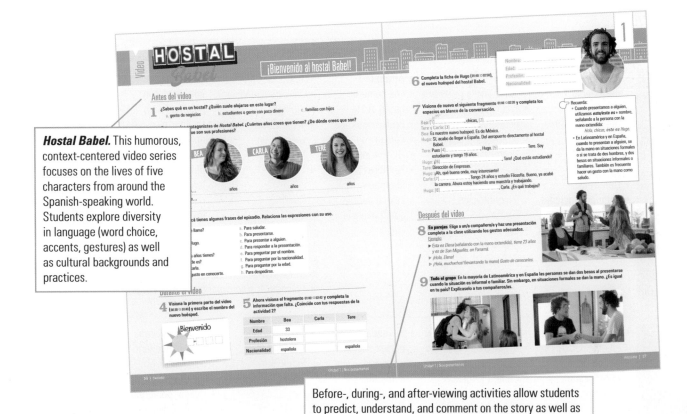

Hostal Babel. This humorous, context-centered video series focuses on the lives of five characters from around the Spanish-speaking world. Students explore diversity in language (word choice, accents, gestures) as well as cultural backgrounds and practices.

Before-, during-, and after-viewing activities allow students to predict, understand, and comment on the story as well as identify and interpret nonverbal communication.

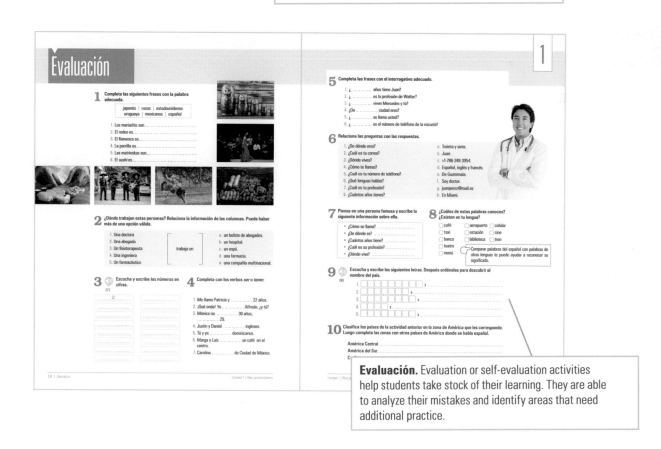

Evaluación. Evaluation or self-evaluation activities help students take stock of their learning. They are able to analyze their mistakes and identify areas that need additional practice.

Scope and Sequence

	Comunicación	Gramática	Léxico	Tipos de texto	Técnicas y estrategias	Cultura
1 Nos presentamos page 2	• Saludar y despedirse • Presentarse y presentar a otros • Pedir y dar información personal • Deletrear • Pedir aclaraciones o repeticiones	• Verbos *llamarse, ser, tener, vivir* y *trabajar* • Pronombres personales • Interrogativos: *cómo, dónde, cuántos, cuál, qué* • Género y número de los gentilicios • Forma *vos* • Los pronombres *ustedes/vosotros(as)* • *Tú/usted*	• Alfabeto • Los números hasta el 111 • Profesiones • Países • Gentilicios • Nombres de los idiomas • Léxico para la supervivencia en clase	• Texto conversacional: diálogos • Texto descriptivo: rellenar un formulario	• Relacionar imágenes con palabras para facilitar el aprendizaje • Comparar con palabras de la lengua materna para aprender léxico	• Nombres y apellidos hispánicos • Uso de la cortesía: *usted* • El español en números • Capitales del mundo hispánico
				Video: *Hostal Babel* • Episodio 1: *¡Bienvenido al hostal Babel!*		
2 Mi casa, mi barrio page 20	• Localizar objetos en el espacio • Hablar de la existencia o inexistencia de alguien o de algo • Expresar cantidad • Hablar del barrio y de la casa • Indicar el orden de los elementos	• Contraste *está(n)/hay* • Artículo determinado e indeterminado • Género y número de los nombres y adjetivos y su concordancia • Contracciones *al* y *del* • Cuantificadores: *mucho/a/os/as* y *poco/a/os/as*	• Vivienda: tipos, partes, mobiliario y objetos domésticos • La ciudad, el barrio y sus establecimientos • Números desde 100 • Números ordinales • Locuciones prepositivas para ubicar	• Texto retórico: anuncio inmobiliario • Texto descriptivo: foro y correo electrónico	• Buscar palabras en el diccionario para saber el género • Buscar palabras en el diccionario para conocer su significado	• Artículo 25 de la Declaración Universal de los Derechos Humanos: el derecho a una vivienda adecuada y digna
				Video: *Hostal Babel* • Episodio 2: *Este barrio*		
3 Vamos de viaje page 38	• Localizar personas, objetos y lugares • Expresar preferencias y deseos • Valorar • Expresar posibilidad • Pedir y dar instrucciones para traslados en medios de transporte • Pedir y dar información espacial • Preguntar y decir el precio	• Verbos *ir, viajar, poder, preferir, querer* • *Preferir* + nombre/infinitivo • *Poder* + infinitivo • Contraste *hay/ser/estar* • Preposiciones *a* y *en* • Contraste *porque/¿por qué...?* • *Lo mejor/lo peor* • Locuciones prepositivas: *cerca de/lejos de, a la izquierda/derecha (de)...*	• Medios de transporte • Tipos de turismo y sus actividades • Tipos de alojamiento • Lugares de interés turístico	• Texto descriptivo: folleto turístico • Texto descriptivo y argumentativo: hacer valoraciones en una web	• Apoyarse en imágenes para comprender un texto • Identificar el significado de las palabras a través de imágenes	• Punta Cana (República Dominicana), Buenos Aires (Argentina) y Antigua (Guatemala) • Ciudad de México: lugares de interés, medios de transporte, gastronomía...
				Video: *Hostal Babel* • Episodio 3: *Días de fiesta*		

	Comunicación	Gramática	Léxico	Tipos de texto	Técnicas y estrategias	Cultura
4 **En familia** page 56	• Hablar de la familia • Describir personas • Describir la ropa • Expresar posesión y pertenencia • Hablar de acciones que se están realizando • Señalar personas y objetos • Expresar frecuencia • Hablar de relaciones personales	• Presente de indicativo regular: *-ar, -er, -ir* • Adjetivos y pronombres demostrativos • Adjetivos posesivos • *Estar* + gerundio • Contraste *tener/llevar* para describir	• Familia • Léxico para la descripción física y del carácter • Ropa y tejidos • Colores • La @ como recurso del lenguaje inclusivo en texto informales	• Texto descriptivo: catálogo web de ropa • Texto explicativo: página web de ONG, página de presentación	• Usar la misma preposición en preguntas y respuestas • Deducir el léxico a través de un texto e identificarlo con una imagen para formular hipótesis	• Famosos latinoamericanos y españoles y sus familias • Humana, la ONG española de cooperación al desarrollo • Moda incluyente: es tendencia

Video: *Hostal Babel*

• Episodio 4: *Navidad en Babel*

	Comunicación	Gramática	Léxico	Tipos de texto	Técnicas y estrategias	Cultura
5 **Igual que todos los días** page 74	• Preguntar y decir la hora • Hablar de acciones habituales • Hablar de horarios, fechas y partes del día • Expresar frecuencia y el número de veces que se hace algo • Relacionar dos acciones temporalmente • Ordenar las acciones en el tiempo	• Presente de indicativo irregular: irregularidades vocálicas, primera persona irregular • Verbos reflexivos: *despertarse, vestirse...* • *Soler* + infinitivo • Preposiciones para expresar tiempo • Marcadores para ordenar las acciones: *primero, luego, después, por último*	• Acciones cotidianas • Partes del día • Días de la semana • Meses del año	• Texto informativo: horarios, fechas y partes del día • Texto argumentativo: a favor y en contra de la fiesta de la Hispanidad	• Asociar palabras con un verbo para hacer combinaciones • Identificar a las personas que hablan con sus imágenes correspondientes	• Horarios y días feriados en Argentina • Información práctica del Museo del Prado (Madrid, España) y del Museo del Oro (Bogotá, Colombia) • 12 de octubre, ¿algo que celebrar?

Video: *Hostal Babel*

• Episodio 5: *El olor de tu café*

	Comunicación	Gramática	Léxico	Tipos de texto	Técnicas y estrategias	Cultura
6 **¡Me encanta!** page 92	• Expresar gustos, intereses y preferencias • Expresar acuerdo y desacuerdo con los gustos de otra persona • Pedir en el restaurante • Pedir la cuenta	• Verbos *gustar, encantar, interesar* • Adverbios cuantificadores: *mucho/bastante/poco/nada* • Adverbios *también* y *tampoco*	• Actividades de ocio y tiempo libre • Comida, bebida, platos típicos • Formas de cocinar un alimento	• Texto instructivo: la carta de un restaurante y el plato del día	• Clasificar actividades a través de un texto con imágenes	• Lugares de interés en Lima (Perú) • Nos vamos de tapas

Video: *Hostal Babel*

• Episodio 6: *Unas tapas muy ricas*

Comunicación	Gramática	Léxico	Tipos de texto	Técnicas y estrategias	Cultura
7 **Buenas intenciones** page 110	• Hablar de planes, intenciones y proyectos • Expresar deseos • Expresar obligación y necesidad • Dar consejos y hacer sugerencias • Proponer y sugerir planes • Aceptar/rechazar una invitación • Dar una opinión y valorar • Expresar causa y finalidad	• Expresiones verbales con infinitivo: *tener que* + infinitivo; *querer* + infinitivo; *ir a* + infinitivo; *pensar* + infinitivo; *hay que* + infinitivo; *necesitar* + infinitivo • Marcadores temporales para expresar futuro: *esta tarde/noche, mañana, la semana que viene…* • Contraste *por/para*	• Excursiones, montaña, sol y playa • Lenguaje del aula • Plural de los nombres terminados en *-y* • Combinaciones de palabras: verbos + nombres	• Texto descriptivo: información sobre excursiones • Texto conversacional: formas de estudiar un idioma • Texto instructivo: consejos para aprender un idioma **Video:** *Hostal Babel* • Episodio 7: *Uvas y campanadas*	• Cómo rechazar una propuesta o invitación explicando la causa • Conocer diferentes estrategias de aprendizaje de una lengua	• Los Picos de Europa (Asturias, España) • El parque nacional Canaima (Venezuela) • Tradiciones del Año Nuevo en diversos países de habla hispana
8 **Cuídate** page 128	• Hablar de dolencias y síntomas • Hablar de los estados de ánimo • Describir un movimiento • Dar consejos, órdenes e instrucciones • Pedir permiso, objetos y favores • Aceptar y denegar peticiones	• Imperativo afirmativo: regular e irregular • Pronombres de objeto directo: *lo, la, los, las* • Cambios ortográficos en los verbos que terminan en *-car, -gar, -ger, -gir, -zar*	• El cuerpo humano • Enfermedades, dolencias y síntomas • Estados de ánimo • Ejercicio físico	• Texto instructivo: instrucciones en máquinas • Texto explicativo: artículo **Video:** *Hostal Babel* • Episodio 8: *¿Enferma?*	• Reduplicar el imperativo para conceder permiso • Clasificar palabras por campos semánticos	• Gino Tubaro y Atomic Lab
9 **¡Fue increíble!** page 146	• Narrar acciones terminadas • Describir las acciones realizadas durante un viaje • Indicar el comienzo y el final de una acción o de un recorrido • Reaccionar en una conversación	• Pretérito indefinido regular • Pretérito indefinido irregular: algunos verbos irregulares comunes • Marcadores temporales de pretérito indefinido • *Empezar* + *a* + infinitivo • *Desde… hasta…* • Contraste *ir/irse*	• Viajes • Alojamiento • Turismo	• Texto narrativo: blog de viajes • Texto conversacional: mensajes de texto • Texto informativo: turismo creativo **Video:** *Hostal Babel* • Episodio 9: *Fotos y más fotos*	• La tilde para diferenciar formas verbales • Formular preguntas para propiciar y facilitar la conversación	• Turismo en Cuba, Colombia y Guanajuato • Turismo creativo • La isla de Pascua: la leyenda de los moáis

Repaso mi nivel

Comunicación	Gramática	Léxico	Tipos de texto	Técnicas y estrategias	Cultura

• Hablar de:
  – acciones cotidianas y en desarrollo
  – obligación o necesidad, deseos y posibilidad
  – planes y proyectos
  – aceptar/rechazar una propuesta o invitación
  – gustos y preferencias
• Aconsejar y sugerir
• Dar instrucciones
• Pedir y dar información espacial
	• Presente de indicativo irregular (repaso)
	• Imperativo (repaso)
	• Adjetivos y pronombres indefinidos
	• Estructuras con infinitivo y gerundio (repaso)
		• Comida y bebida
		• Familia
		• Descripción física y de carácter
		• Viajes
		• Ocio y tiempo libre
		• Acciones habituales
		• El cuerpo humano
			• Texto instructivo: juego de mesa
			• Texto instructivo: *Instrucciones para mirar por la ventana*
			• Texto retórico: publicaciones y etiquetas en una red social
				• Discriminar palabras de un texto agrupándolas en un campo semántico
				• Buscar información específica en un texto
					• *Instrucciones para mirar por la ventana*, de Aniko Villalba
					• Cartagena de Indias (Colombia)
					• Lugares insólitos de Latinoamérica: el Salar de Uyuni, Vinicunca y los cenotes

10

Fin de trayecto

page 164

Vídeo: *Hostal Babel*

• Episodio 10: *Fin de curso*

¿Por qué estudio español?

Más de 591 millones de personas hablan español en el mundo. De ellos, 493 millones son nativos.

El español es la **segunda lengua materna del mundo** por número de hablantes, después del chino mandarín.

La contribución del conjunto de los países hispanohablantes al PIB mundial es del 6.9 %.

6.9 %

Es la cuarta lengua más estudiada del mundo después del inglés, el francés y el chino mandarín: actualmente hay 24 millones de estudiantes de español en el mundo.

Inglés

Francés

Chino mandarín

Español

El español es la tercera lengua más utilizada en la red.

El 7.9 % de los usuarios de internet se comunica en español.

El español es la segunda lengua más utilizada en Wikipedia, en Facebook, en LinkedIn y en Twitter.

El español es la segunda lengua más importante en el ámbito internacional.

El español ocupa la cuarta posición en el ámbito institucional de la Unión Europea.

Es la tercera lengua en el sistema de trabajo de la ONU: es una de sus seis lenguas oficiales.

España es el tercer país exportador de libros del mundo.

España, Argentina y México se encuentran entre los quince principales países productores de películas del mundo.

Datos extraídos del informe *El español: una lengua viva*, elaborado y redactado por David Fernández Vitores, y dirigido y coordinado por la Dirección Académica del Instituto Cervantes (2021).

▼ Latinoamérica

Según *National Geographic*, el glaciar Perito Moreno, dentro del parque natural Los Glaciares en Argentina, es el cuarto paraje natural más bello del mundo, y el parque nacional Canaima, en Venezuela, ocupa el lugar número 15.

¡Hola!

La mayoría de los hablantes de español se encuentran en Hispanoamérica:

404 millones de hablantes nativos

Países más visitados de Hispanoamérica

México	≃ 40 000 000
Argentina	≃ 7 000 000
Chile	≃ 6 500 000
República Dominicana	≃ 6 000 000

Principales culturas precolombinas

Azteca (Sur de México, siglos XIV-XVI)

Maya (México y Guatemala, siglos I-XVII)

Inca (Ecuador, Perú, Bolivia, norte de Argentina y Chile, siglos XV-XVI)

MÉXICO · CUBA · HAITÍ · REP. DOMINICANA · JAMAICA · PUERTO RICO · BELICE · GUATEMALA · HONDURAS · EL SALVADOR · NICARAGUA · COSTA RICA · PANAMÁ · VENEZUELA · GUYANA · GUAYANA FRANCESA · SURINAM · COLOMBIA · ECUADOR · PERÚ · BRASIL · BOLIVIA · PARAGUAY · CHILE · ARGENTINA · URUGUAY

España

Número de habitantes

47 millones de habitantes

España es el tercer país más visitado del mundo, superado únicamente por Francia y Estados Unidos.

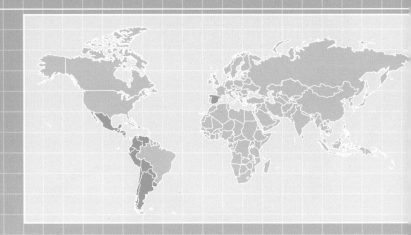

La mayor reserva ecológica de Europa está en España: el parque nacional de Doñana.

España
Alemania
China
Italia

Es el cuarto país con más sitios Patrimonio de la Humanidad, por detrás de Italia, China y Alemania.

- Italia (58)
- China (56)
- Alemania (51)
- España (49)

Monumentos más visitados en España:

- La Alhambra (Granada)
- La Sagrada Familia (Barcelona)
- La Mezquita (Córdoba)
- La Catedral de Santiago de Compostela (La Coruña)
- La Catedral de Burgos (Castilla y León)

GIJÓN
SANTANDER
LA CORUÑA
SAN SEBASTIÁN
OVIEDO
BILBAO
SANTIAGO DE COMPOSTELA
LUGO
VITORIA
PAMPLONA
LOGROÑO
LEÓN
BURGOS
ORENSE
PONTEVEDRA
HUESCA
GERONA
PALENCIA
SORIA
LÉRIDA
ZAMORA
BARCELONA
VALLADOLID
ZARAGOZA
TARRAGONA
SEGOVIA
SALAMANCA
ÁVILA
GUADALAJARA
ISLAS BALEARES
Menorca
MADRID
TERUEL
PALMA DE MALLORCA
TOLEDO
CUENCA
CASTELLÓN DE LA PLANA
Mallorca
Cabrera
CÁCERES
VALENCIA
Ibiza
BADAJOZ
ALBACETE
MÉRIDA
CIUDAD REAL
Formentera
ALICANTE
CÓRDOBA
JAÉN
MURCIA
SEVILLA
CARTAGENA
HUELVA
GRANADA
Es el líder mundial en donación de órganos.
ALMERÍA
MÁLAGA
CÁDIZ
ISLAS CANARIAS
ALGECIRAS
Lanzarote
CEUTA
SANTA CRUZ DE TENERIFE
Fuerteventura
La Palma
LAS PALMAS DE GRAN CANARIA
La Gomera   Tenerife
El Hierro   Gran Canaria
MELILLA

Las cuevas de Altamira albergan el arte paleolítico más antiguo de Europa.

Student Book 1

BYE

Napaykuyki

¡Hola!

до свидания

Hello!

สวัสดี

早安

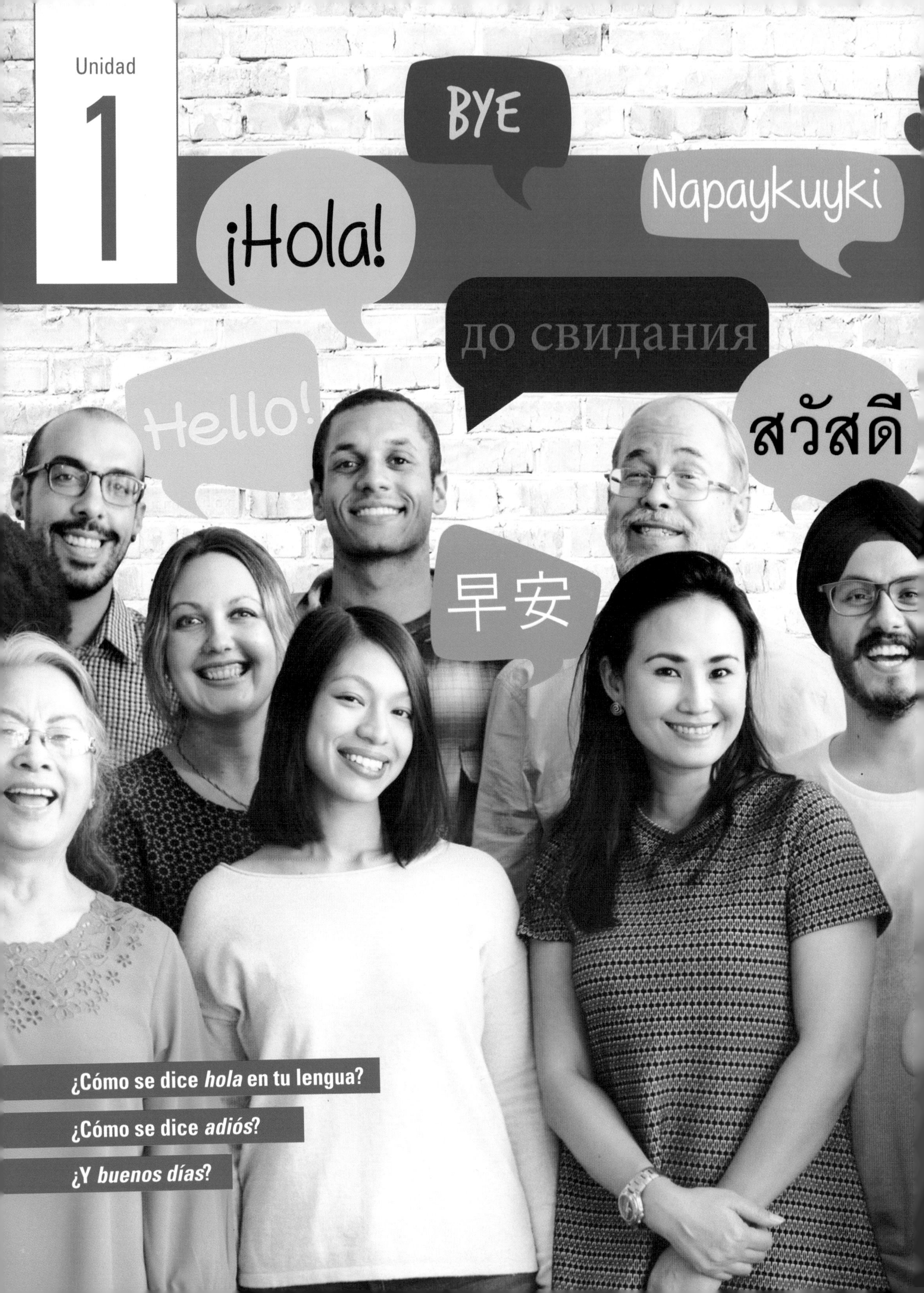

¿Cómo se dice *hola* en tu lengua?

¿Cómo se dice *adiós*?

¿Y *buenos días*?

BONJOUR

Nos presentamos

uten Morgen

Buenos días

CIAO

En esta unidad vas a. . .

- ▶ Saludar y despedirte
- ▶ Presentarte y presentar a otra persona
- ▶ Identificarte: nacionalidad, profesión, edad…
- ▶ Deletrear palabras
- ▶ Conocer la importancia del español en el mundo

¿Qué sabes?

1 **Todo el grupo** ¿Sabes qué significan estas frases?

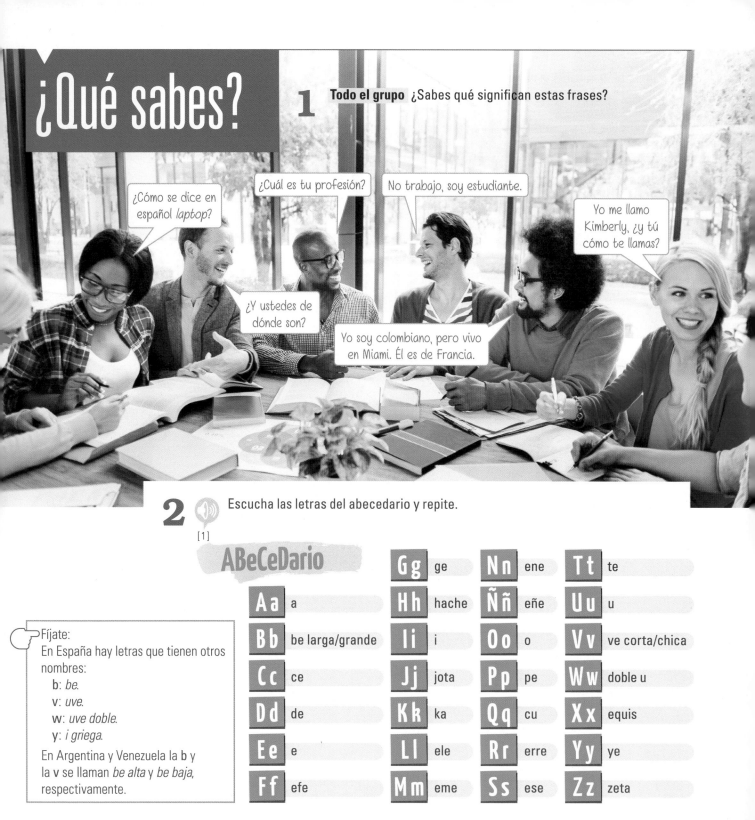

¿Cómo se dice en español *laptop*?

¿Cuál es tu profesión?

No trabajo, soy estudiante.

Yo me llamo Kimberly, ¿y tú cómo te llamas?

¿Y ustedes de dónde son?

Yo soy colombiano, pero vivo en Miami. Él es de Francia.

2 Escucha las letras del abecedario y repite.

[1]

ABeCeDario

		Gg ge		**Nn** ene		**Tt** te	
Aa a		**Hh** hache		**Ññ** eñe		**Uu** u	
Bb be larga/grande		**Ii** i		**Oo** o		**Vv** ve corta/chica	
Cc ce		**Jj** jota		**Pp** pe		**Ww** doble u	
Dd de		**Kk** ka		**Qq** cu		**Xx** equis	
Ee e		**Ll** ele		**Rr** erre		**Yy** ye	
Ff efe		**Mm** eme		**Ss** ese		**Zz** zeta	

Fíjate:
En España hay letras que tienen otros nombres:
 b: *be.*
 v: *uve.*
 w: *uve doble.*
 y: *i griega.*
En Argentina y Venezuela la **b** y la **v** se llaman *be alta* y *be baja*, respectivamente.

2.1 Escucha el audio y completa los nombres.

[2]

① ☐ H ☐ ☐ ☐ ☐   ③ K ☐ ☐ ☐ ☐   ⑤ M ☐ ☐ ☐ ☐

② ☐ ☐ ☐ I ☐   ④ ☐ ☐ ☐ ☐ A   ⑥ ☐ ☐ ☐ W

2.2 **Todo el grupo** Deletrea tu nombre a tus compañeros/as.

3 **En parejas** Relaciona las imágenes con los nombres de los países.

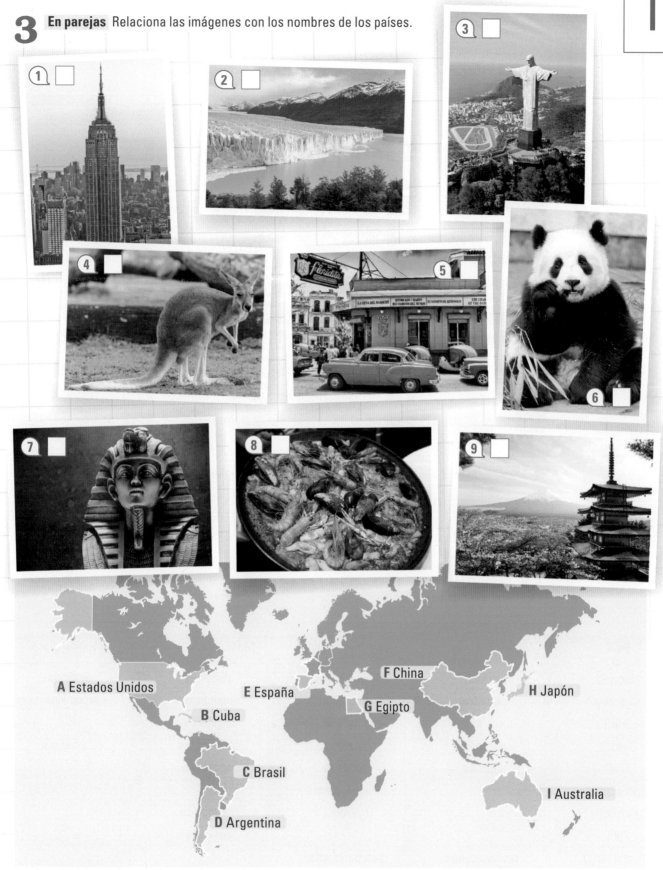

① ☐

② ☐

③ ☐

④ ☐

⑤ ☐

⑥ ☐

⑦ ☐

⑧ ☐

⑨ ☐

A Estados Unidos

B Cuba

C Brasil

D Argentina

E España

F China

G Egipto

H Japón

I Australia

3.1 **Todo el grupo** ¿Y tú de dónde eres? Busca una foto de tu país o región y muéstrala en clase.

Palabras

Estos son los números en español del 0 al 111. Escucha y repite.

Los números

0	cero	**11**	once	**22**	veintidós	**40**	cuarenta
1	uno	**12**	doce	**23**	veintitrés	**44**	cuarenta y cuatro
2	dos	**13**	trece	**24**	veinticuatro	**50**	cincuenta
3	tres	**14**	catorce	**25**	veinticinco	**60**	sesenta
4	cuatro	**15**	quince	**26**	veintiséis	**70**	setenta
5	cinco	**16**	dieciséis	**27**	veintisiete	**80**	ochenta
6	seis	**17**	diecisiete	**28**	veintiocho	**90**	noventa
7	siete	**18**	dieciocho	**29**	veintinueve	**100**	cien
8	ocho	**19**	diecinueve	**30**	treinta	**101**	**ciento** uno
9	nueve	**20**	veinte	**31**	treinta **y** uno	**102**	**ciento** dos
10	diez	**21**	veintiuno	**32**	treinta **y** dos	**111**	**ciento** once

1.1 Marca cuál de los dos números oyes en cada diálogo.

[4]

1. 67 77   3. 3 13   5. 60 70
2. 2 12   4. 2 12   6. 50 15

2 Observa los nombres de estos países y sus gentilicios (nacionalidades) y deduce la información que falta.

País	Masculino singular	Femenino singular	Masculino plural	Femenino plural
Alemania	alem**án**	alem**ana**	aleman**es**	aleman**as**
Argentina	argentin**o**	argentin**a**	argentino**s**	argentina**s**
Brasil		brasil**eña**	brasileño**s**	
Canadá	canad**iense**	canad**iense**	canadiense**s**	canadiense**s**
Japón	japon**és**	japon**esa**	japones**es**	
Estados Unidos		estadounid**ense**		
Marruecos		marroqu**í**	marroqu**íes**	
Perú			peruano**s**	
Puerto Rico	puertorriqu**eño**	puertorriqu**eña**		

2.1 Clasifica las nacionalidades según su terminación.

-o/-a	-és/-esa	-ano/-ana	-eño/-eña	-án/-ana	-ense	-iense	-í
argentin**o/a**				alem**án/ana**			

2.2 **En parejas** Piensa en cinco países más. Tu compañero/a tiene que decir el gentilicio (nacionalidad) correspondiente. Puedes consultar el diccionario.

3 **En parejas** ¿Dónde trabajan estas personas? Relaciona las imágenes con las profesiones. Recuerda que, en algunos casos, hay más de una opción válida.

> doctor/a | recepcionista | mesero/a | cocinero/a | abogado/a
> ingeniero/a | enfermero/a | profesor/a | taxista | dependiente/a

café

escuela

tienda

restaurante

hospital

hotel

compañía

taxi

👉 Relacionar imágenes con palabras te ayuda a aprender vocabulario.

3.1 **En parejas** Piensa en otras profesiones y díselas a tu compañero/a. Debe escribir dónde trabajan.

Ejemplo: *piloto - en un avión*

LÉXICO[1]

Argentina y países del Cono Sur ❯ mozo/a : *Un mozo sale con una bandeja con un plato de ravioles.*

España ❯ camarero/a : *Oiga, por favor, camarero, ¿me puede dar un poco de sal?*

Latinoamérica y España ❯ doctor/a, médico/a : *Dicen en el pueblo que me tiene que ver un médico.*

---

[1] Todos los ejemplos de estos cuadros que vas a encontrar a lo largo del libro fueron extraídos de REAL ACADEMIA ESPAÑOLA: Banco de datos (CORPES XXI) [en línea]. *Corpus del Español del Siglo XXI* (CORPES). <https://www.rae.es>[2019-2021]

Gramática

Usted es formal y sirve para mostrar respeto o distancia afectiva.

1 Pronombres personales de sujeto

	Singular	Plural
1.ª persona	yo	nosotros, nosotras
2.ª persona	tú	ustedes
3.ª persona	él, ella, usted	ellos, ellas, ustedes

1.1 ¿Con qué pronombre personal relacionas las siguientes imágenes?

Tú y yo en Europa.

Luisa, Santi, Marcelo, Sandra, Patri y Marcos en la playa

Carla y Paula en Turquía.

a. ellos | **b.** nosotros | **c.** ellas

GRAMÁTICA

- En Argentina, Uruguay y Paraguay la forma para tú es vos :

  Me gustaría saber algo de vos.

  – En otras partes de Latinoamérica (México, América Central, Caribe) se usan las formas: tú , usted y vos .
- En España (excepto Canarias y Andalucía) se usa vosotros/vosotras en la segunda persona del plural:

  No es justo, vosotras sois solo tres y yo solo uno.

  – Igual que usted , la forma ustedes se usa solo para mostrar respeto o distancia afectiva.
  – Los pronombres vosotros/vosotras tienen una forma verbal propia. En este curso vas a conocer estas formas en todos los tiempos verbales.

2 Verbos *llamarse, ser, tener, vivir* y *trabajar*: forma y usos

	Llamarse	Ser	Tener	Vivir	Trabajar
yo	**me** llamo	**soy**	**tengo**	vivo	trabajo
tú	**te** llamas	**eres**	tienes	vives	trabajas
él, ella, usted	**se** llama	**es**	tiene	vive	trabaja
nosotros/as	**nos** llamamos	**somos**	tenemos	vivimos	trabajamos
vosotros/as	**os** llamáis	**sois**	tenéis	vivís	trabajáis
ellos, ellas, ustedes	**se** llaman	**son**	tienen	viven	trabajan

- Para **preguntar y decir el nombre** se usan los verbos *llamarse* y *ser*:
  - ▶ *¿Cómo te llamas?*
  - ▷ *Me llamo/Soy Ricardo.*

- Para **decir la edad** se utiliza el verbo *tener*:
  - *Tengo 39 años.*

- Para **decir el lugar donde residimos** se usa el verbo *vivir* + *en*:
  - *Vivo en Quebec.*

- Para **decir la nacionalidad** se usa el verbo *ser* + adjetivo/*de* + lugar de origen:
  - ▶ *¿De dónde eres?*
  - ▷ *Soy colombiana, de Barranquilla.*

- Para **decir la profesión** se utiliza el verbo *ser*:
  - *Soy taxista.*

- Para **decir el lugar de trabajo** o de **estudios** utilizamos los verbos *trabajar/estudiar* + *en*:
  - *Trabajo en un museo.*

2.1 Marca los pronombres personales correspondientes a los siguientes verbos.

	Yo	Tú	Él, ella, usted	Nosotros/as	Ellos, ellas, ustedes
tenemos					
son					
tengo					
viven					
te llamas					
trabaja					

2.2 Relaciona la información con la persona correcta.

☐	Vive en Valencia.	☑
☑	Vive en Caracas.	☐
☐	Es doctor.	☐
☐	Se llama María.	☐
☐	Tiene 62 años.	☐
☐	Trabaja en una clínica privada.	☐
☐	Tiene 25 años.	☐
☐	Trabaja en una farmacia.	☐
☐	Se llama Mario.	☐
☐	Es española.	☐
☐	Es farmacéutica.	☐
☐	Es venezolano.	☐

3 Interrogativos

Para hacer preguntas puedes usar:
- *cómo, dónde, cuántos* + verbo
- *cuál/cuáles* + verbo
- *qué* + verbo/nombre

3.1 **En parejas** Haz estas preguntas a tu compañero/a y anota sus respuestas.

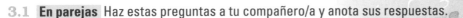

1. ¿Cómo te llamas? ....
2. ¿De dónde eres? ....
3. ¿De qué ciudad eres? ....
4. ¿Dónde vives? ....
5. ¿Cuántos años tienes? ....
6. ¿Cuál es tu profesión?/¿Qué haces? ....
7. ¿Dónde trabajas? ....

1 [5] Escucha estas presentaciones de profesionales y completa la información que falta.

Nombre:		Marina	Malthe	Sara	
Edad:			40 años	30 años	27 años
Profesión:	diseñadora gráfica	chofer		panadera	
Nacionalidad:	peruana				mexicano
Lugar de residencia:		Kiev	Miami		
Lugar de trabajo:	compañía de publicidad	compañía de transporte de viajeros			compañía multinacional

Preguntar y dar información personal

- ¿Cómo se llama?
- ¿Cuántos años tiene?
- ¿De dónde es?
- ¿Dónde vive/trabaja?
- *¿Cuál es la profesión de* + nombre?
- *Se llama* + nombre
- *Tiene* + edad
- *Es* + nacionalidad/*Es de* + país
- *Vive/Trabaja/Estudia en* + lugar
- *Es* + profesión

Presentarte

- *Me llamo* + nombre
- *Tengo* + edad
- *Soy* + profesión
- *Soy* + nacionalidad/*Soy de* + país/ciudad
- *Vivo en* + ciudad/país
- *Trabajo/Estudio en* + nombre de la compañía/lugar de trabajo o estudios

Presentar a otro

- Mira/Mire, este/esta es...
- Te/Le presento a...

Responder a una presentación

- ¡Hola!
- Encantado/a (de conocerte/lo/la).
- Mucho gusto/Gusto de conocerte/lo/la.

1.1 Contesta a las siguientes preguntas.

1. ¿Cómo se llama la panadera? ....
2. ¿Cuántos años tiene Malthe? ....
3. ¿Cuál es la profesión de Carlos? ....
4. ¿Dónde vive Marina? ....
5. ¿Dónde trabaja Paula? ....

> **LÉXICO**
>
> Latinoamérica › chofer : *El chofer mira por el espejo retrovisor a la última pasajera.*
> España › conductor, chófer : *Se tarda entre 30 y 40 minutos; indicad al conductor que vais a las ruinas...*

1.2 **En parejas** Ahora preséntate a tu compañero/a.

Ejemplo: *Hola, soy Amelia. Tengo 27 años. Soy argentina, pero vivo en Lima. Trabajo en una tienda de celulares y soy dependienta.*

1.3 **Todo el grupo** Levántate y presenta a tu compañero/a a otros estudiantes. Responde a las diferentes presentaciones. Ellos tienen que saludar y responder al saludo.

2 **En parejas** Lee estas tarjetas profesionales y contesta a las preguntas de tu compañero/a.

(1)

PSICÓLOGO

Samuel Eduardo Gómez
+55 2112 7983
samuel.gomez@mail.com

C/ Salaverry, 90 - México DF

(2) Fisioterapeuta

Margarita Fuentes Escobar
9+54 9 3541 3456

Avda. Libertad, 94
1012 - Buenos Aires

www.clinicasalud.com/ar

(3)

CAROLINA MONTENEGRO

actriz

contrata@carolina-montenegro.com

Cel. +54 9 15 6863 3557   Tel. +54 11 4309 47010

(4)

Kim Wilson
Profesora de inglés

kim.wilson@mail.com   Cel. +57 37 441 2936

 Do you Speak English?

(5)

Esteban Gil Izquierdo
ABOGADO

Pl. del Mercado, 4, 1.º izq.
37001 - Salamanca
Móv. +34 784 301 196
esteban_gil@abogados-asociados.es

www.abogados-asociados.es

Preguntar por datos personales

- **¿Cuál es** el celular/el móvil/la dirección/el código postal/el correo electrónico/el sitio web… de…?
- **¿Cuáles son** los apellidos de…?

En las tarjetas profesionales pueden aparecer las siguientes abreviaturas y signos:

- **C/** > calle
- **Av./Avd./Avda.** > avenida
- **Pl./Plza./Pza.** > plaza
- **Tfno./Tel./Teléf.** > teléfono
- **Col.:** colonia
- **Cel.** > celular
- **Móv.** > móvil
- **@** > arroba
- **www** > doble u, doble u, doble u; uve doble, uve doble, uve doble; triple doble u; tres uves dobles; triple uve doble.
- **.** > punto
- **-** > guion, guion medio
- **_** > guion bajo, barra baja
- **/** > barra

Estudiante A

1. ¿Cuál es el celular de la actriz?
2. ¿Cuál es la dirección del psicólogo?
3. ¿Cuál es el código postal de la fisioterapeuta?
4. ¿Cuál es la dirección de correo electrónico de Kim?
5. ¿Cuál es la profesión de Kim?
6. ¿Cuál es la dirección web del bufete de abogados?
7. ¿Cuáles son los apellidos de Margarita?

Estudiante B

1. ¿Cuál es la página web de la clínica?
2. ¿Cuál es el correo electrónico de Esteban Gil?
3. ¿Cuál es el apellido de la actriz?
4. ¿Cuál es el celular de la profesora de inglés?
5. ¿Cuál es el número de la calle de Samuel?
6. ¿Cuál es la profesión de Esteban?
7. ¿Cuál es la dirección de la fisioterapeuta?

Pedir aclaraciones

- ¿Puedes repetir, por favor?
- Más despacio, por favor.
- ¿Cómo se dice en español "@"?
- ¿Qué significa "Pza."?

LÉXICO

Latinoamérica > celular : *–Voy a llamar por el **celular** –dijo Richard–. ¡Aj! ¡No hay recepción!*
España > móvil : *¿Para qué quieres el **móvil**? ¿No lees los mensajes?*

3 Completa el siguiente formulario de empleo en una compañía.

Trabaja con nosotros

Si quieres trabajar con nosotros, completa y envía el siguiente formulario y te responderemos lo antes posible. * Campos obligatorios

Nombre *

Primer apellido *

Segundo apellido

Correo electrónico *

Teléfono de contacto *   Fecha de nacimiento (DD/MM/AAAA) *

País *   Nacionalidad

Dirección

Ciudad   Código postal

Idiomas *

4 Observa las siguientes imágenes y relaciónalas con los diálogos.

A

B

> Fíjate:
> En español no es obligatorio usar los pronombres de sujeto porque la terminación del verbo indica la persona.

> Un **formulario** es un documento físico o digital donde el usuario debe introducir sus datos personales (nombre, apellidos, dirección, teléfono, etc.) para ser almacenados y procesados posteriormente.

> El nombre de los idiomas suele coincidir con el gentilicio en la forma del masculino singular: *español, inglés, francés, alemán*... Pero hay excepciones: ~~brasileño~~ **> portugués**.

> En los países de habla hispana se utilizan dos apellidos, que generalmente son el primero del papá y el primero de la mamá, aunque es frecuente usar solo el primero.

Diálogo 1
▶ Hola, buen día.
▷ Buen día, ¿en qué puedo ayudarle?
▶ Tengo una cita con el señor Moreno.
▷ Muy bien, ¿cómo se llama?
▶ Me llamo Nicolás Ibáñez.
▷ Un momento, por favor.

Diálogo 2
▶ Hola, Marta, buenos días. ¿Un café solo y un cruasán como siempre?
▷ Sí, muchas gracias, Inés.

Diálogo 3
▶ Oye, ¿tienes un minuto?
▷ Sí, claro, dime.
▶ ¿Qué te parece esta foto para la página web?

Diálogo 4
▶ ¿Quiere algo de comer?
▷ Sí, pero no sé qué. ¿Tienen algo sin gluten?
▶ Por supuesto. Acá tiene las tortas sin gluten.

LÉXICO

República Dominicana y Venezuela ❯ café tinto : *[…] un café tinto en el sitio de costumbre.*
Argentina ❯ café chico : *A MEDIA MAÑANA: 1 vaso de agua mineral o 1 café chico.*
España ❯ café solo : *Prefiere un café solo y sin azúcar.*

4.1 ¿Cómo son las situaciones anteriores? Marca con una X si son formales o informales.

	Formal	Informal		Formal	Informal
1.	☐	☐	3.	☐	☐
2.	☐	☐	4.	☐	☐

- La forma *usted* se usa para mostrar respeto social o distancia afectiva.
- Cuando el tratamiento es formal, el verbo se utiliza en tercera persona en lugar de la segunda:
  ¿Cómo se llama (usted)?/¿Cómo te llamas (tú)?

5 🔊 Escucha el audio y marca con una X si saludan o se despiden.
[6]

	Saludos	Despedidas		Saludos	Despedidas
1.	☐	☐	3.	☐	☐
2.	☐	☐	4.	☐	☐

Saludar
- ¡Hola!/¿Qué onda?/¿Qué tal?/¿Cómo estás?
- Buen día-Buenos días./Buenas tardes./Buenas noches.

Despedirse
- Chao (Chau)/Adiós (+ buen día-buenos días/buenas tardes/buenas noches).
- Hasta mañana./Hasta luego.

EL ESPAÑOL EN NÚMEROS

1 Lee la información de la ficha.
¿Te sorprende algún dato?

¿Sabías que...?

El español es una lengua que hablan
567 millones de personas en el mundo.

Según el Instituto Cervantes, **472 millones**
de personas tienen el español como lengua materna.

El español es la **segunda** lengua materna del mundo por número
de hablantes y el segundo idioma de comunicación internacional.

El español es la **tercera** lengua más utilizada en internet.

Más de **21 millones** de personas
estudian español como lengua extranjera.

La mayor parte de los hablantes de
español vive en el continente americano.

Adaptado de http://www.cervantes.es/imagenes/File/prensa/EspanolLenguaViva16.pdf

Estados Unidos

México   Honduras   República Dominicana

Cuba

Guatemala   Puerto Rico

Nicaragua

Venezuela

Colombia

El Salvador   Ecuador

Panamá   Perú

Bolivia

Paraguay

Chile

Uruguay

Costa Rica

Argentina

2 Escribe los nombres de las capitales de los países representados en las fotos.

España

Guinea Ecuatorial

3 ¿Conoces el nombre de otras capitales del mundo hispánico?

4 Observa el gráfico.
¿En qué países no hispánicos se habla español?

NÚMERO DE HABLANTES NATIVOS POR PAÍSES

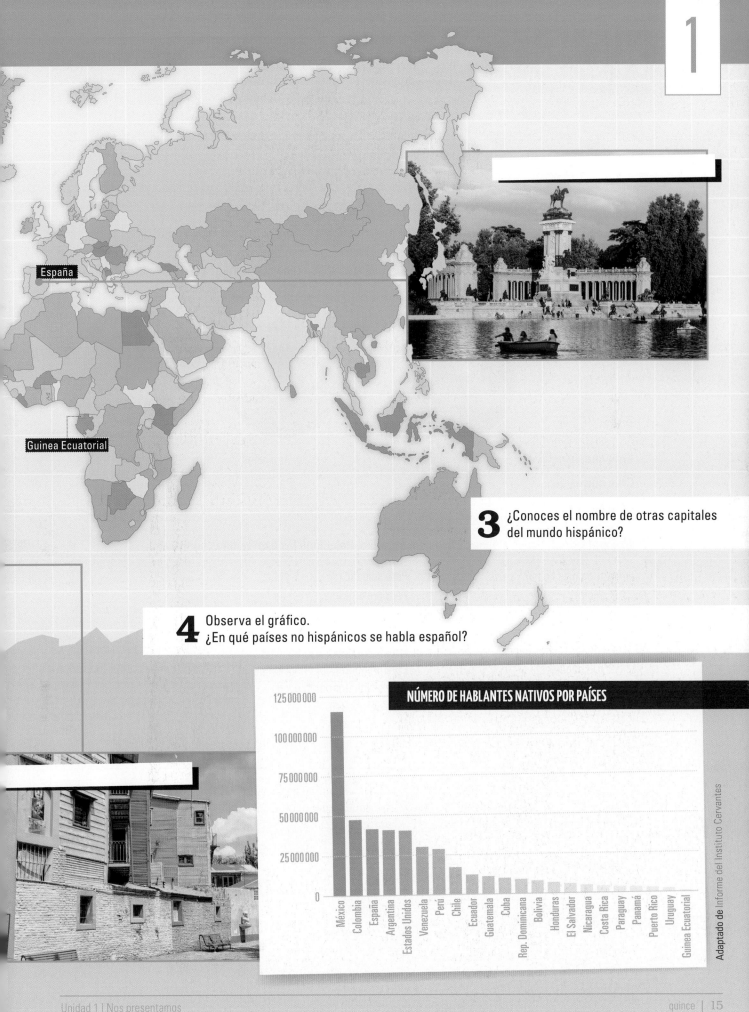

125 000 000
100 000 000
75 000 000
50 000 000
25 000 000
0

México
Colombia
España
Argentina
Estados Unidos
Venezuela
Perú
Chile
Ecuador
Guatemala
Cuba
Rep. Dominicana
Bolivia
Honduras
El Salvador
Nicaragua
Costa Rica
Paraguay
Panamá
Puerto Rico
Uruguay
Guinea Ecuatorial

Adaptado de Informe del Instituto Cervantes

¡Bienvenido al hostal Babel!

Antes del video

1 ¿Sabes qué es un hostal? ¿Quién suele alojarse en este lugar?

a. gente de negocios   b. estudiantes o gente con poco dinero   c. familias con hijos

2 Estas son las protagonistas de *Hostal Babel*. ¿Cuántos años crees que tienen? ¿De dónde crees que son? ¿Cuáles crees que son sus profesiones?

   BEA

   CARLA

   TERE

Creo que tiene… _____ años   _____ años   _____ años

Creo que es de… _____

Creo que es… _____

3 **En parejas** Acá tienes algunas frases del episodio. Relaciona las expresiones con su uso.

1. ¿Cómo se llama?
2. ¡Hola!
3. Este es Hugo.
4. ¡Adiós!
5. ¿Cuántos años tienes?
6. ¿De dónde es?
7. Yo soy Carla.
8. Mucho gusto en conocerte.

a. Para saludar.
b. Para presentarse.
c. Para presentar a alguien.
d. Para responder a la presentación.
e. Para preguntar por el nombre.
f. Para preguntar por la nacionalidad.
g. Para preguntar por la edad.
h. Para despedirse.

Durante el video

4 Visiona la primera parte del video (00:30 ○ 01:40) y escribe el nombre del nuevo huésped.

Bienvenido

5 Ahora visiona el fragmento 01:40 ○ 02:42 y completa la información que falta. ¿Coincide con tus respuestas de la actividad 2?

Nombre	Bea	Carla	Tere
Edad	33		
Profesión	hostelera		
Nacionalidad	española		española

6 Completa la ficha de Hugo (01:40 ⊙ 02:50), el nuevo huésped del hostal Babel.

Nombre: ....
Edad: ....
Profesión: ....
Nacionalidad: ....

7 Visiona de nuevo el siguiente fragmento 01:40 ⊙ 02:20 y completa los espacios en blanco de la conversación.

Bea: [1] ...., chicas, [2] ....
Tere y Carla: [3] ....
Bea: Es nuestro nuevo huésped. Es de México.
Hugo: Sí, acabo de llegar a España. Del aeropuerto directamente al hostal Babel.
Tere: Pues [4] ...., Hugo. [5] .... Tere. Soy estudiante y tengo 19 años.
Hugo: ¡[6] ...., Tere! ¿Qué estás estudiando?
Tere: Dirección de Empresas.
Hugo: ¡Ah, qué buena onda, muy interesante!
Carla: [7] .... Tengo 24 años y estudio Filosofía. Bueno, ya acabé la carrera. Ahora estoy haciendo una maestría y trabajando.
Hugo: [8] ...., Carla. ¿En qué trabajas?

☞ Recuerda:
- Cuando presentamos a alguien, utilizamos ***este/esta es*** + nombre, señalando a la persona con la mano extendida:
  *Hola, chicas, **este es** Hugo.*
- En Latinoamérica y en España, cuando te presentan a alguien, se da la mano en situaciones formales o si se trata de dos hombres, y dos besos en situaciones informales o familiares. También es frecuente hacer un gesto con la mano como saludo.

Después del video

8 **En parejas** Elige a un/a compañero/a y haz una presentación completa a la clase utilizando los gestos adecuados.
Ejemplo:
▶ *Esta es Elena* (señalando con la mano extendida), *tiene 23 años y es de San Miguelito, en Panamá.*
▶ *¡Hola, Elena!*
▷ *¡Hola, muchachos!* (levantando la mano) *Gusto de conocerlos.*

9 **Todo el grupo** En la mayoría de Latinoamérica y en España las personas se dan dos besos al presentarse cuando la situación es informal o familiar. Sin embargo, en situaciones formales se dan la mano. ¿Es igual en tu país? Explícaselo a tus compañeros/as.

Evaluación

1 Completa las siguientes frases con la palabra adecuada.

> japonés | rusas | estadounidense
> uruguaya | mexicanos | español

1. Los mariachis son… ....
2. El rodeo es… ....
3. El flamenco es… ....
4. La parrilla es… ....
5. Las matrioskas son… ....
6. El *sushi* es… ....

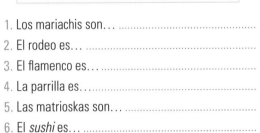

2 ¿Dónde trabajan estas personas? Relaciona la información de las columnas. Puede haber más de una opción válida.

1. Una doctora
2. Una abogada
3. Un fisioterapeuta
4. Una ingeniera
5. Un farmacéutico

trabaja en

a. un bufete de abogados.
b. un hospital.
c. un espá.
d. una farmacia.
e. una compañía multinacional.

3  Escucha y escribe los números en cifras.

[7]

12	....
....	....
....	....
....	....
....	....
....	....
....	....
....	

4 Completa con los verbos *ser* o *tener*.

1. Me llamo Patricia y .... 22 años.
2. ¡Qué onda! Yo .... Alfredo, ¿y tú?
3. Mónica no .... 30 años, ... 29.
4. Justin y Daniel .... ingleses.
5. Tú y yo .... dominicanos.
6. Marga y Luis .... un café en el centro.
7. Carolina .... de Ciudad de México.

5 Completa las frases con el interrogativo adecuado.

1. ¿..................... años tiene Juan?
2. ¿..................... es la profesión de Walter?
3. ¿..................... viven Mercedes y tú?
4. ¿De .... ciudad eres?
5. ¿..................... se llama usted?
6. ¿..................... es el número de teléfono de la escuela?

6 Relaciona las preguntas con las respuestas.

1. ¿De dónde eres?
2. ¿Cuál es tu correo?
3. ¿Dónde vives?
4. ¿Cómo te llamas?
5. ¿Cuál es tu número de teléfono?
6. ¿Qué lenguas hablas?
7. ¿Cuál es tu profesión?
8. ¿Cuántos años tienes?

a. Treinta y siete.
b. Juan.
c. +1-786-248-3954.
d. Español, inglés y francés.
e. De Guatemala.
f. Soy doctor.
g. juanperez@mail.es
h. En Miami.

7 Piensa en una persona famosa y escribe la siguiente información sobre ella.

- ¿Cómo se llama? ....
- ¿De dónde es? ....
- ¿Cuántos años tiene? ....
- ¿Cuál es su profesión? ....
- ¿Dónde vive? ....

8 ¿Cuáles de estas palabras conoces? ¿Existen en tu lengua?

☐ café ☐ aeropuerto ☐ celular
☐ taxi ☐ estación ☐ cine
☐ banco ☐ biblioteca ☐ tren
☐ teatro
☐ menú

Comparar palabras del español con palabras de otras lenguas te puede ayudar a reconocer su significado.

9 Escucha y escribe las siguientes letras. Después ordénalas para descubrir el nombre del país.

[8]

1. ....
2. ....
3. ....
4. ....
5. ....

10 Clasifica los países de la actividad anterior en la zona de América que les corresponde. Luego completa las zonas con otros países de América donde se habla español.

América Central ....
América del Sur ....
Caribe ....

Mi casa, mi barrio

¿Cómo es tu barrio, moderno o antiguo?

¿Tu barrio está en una ciudad grande o chica?

¿Vives en el centro o a las afueras?

¿Vives en una casa o en un departamento?

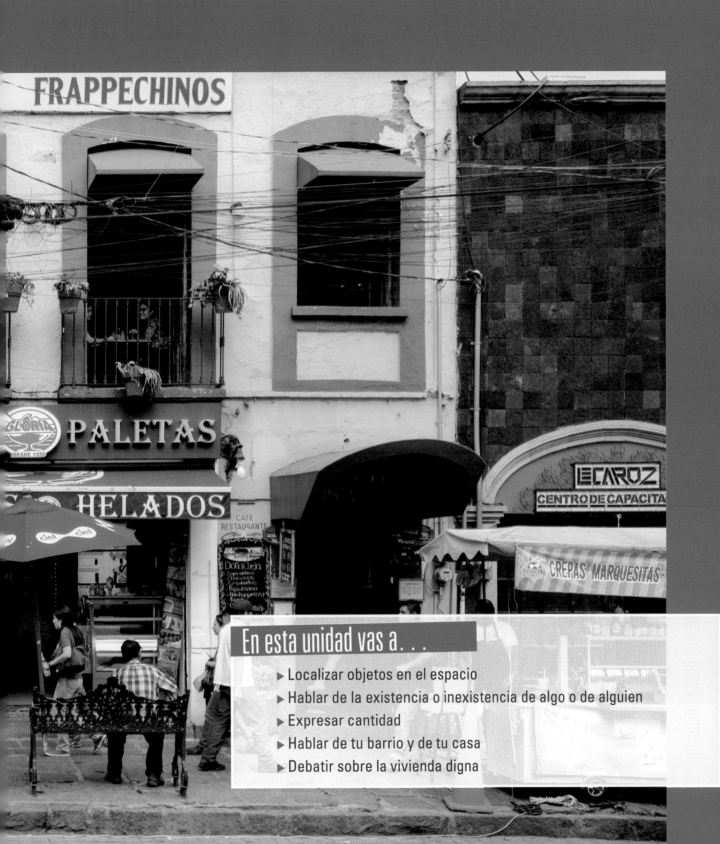

En esta unidad vas a. . .

- ▶ Localizar objetos en el espacio
- ▶ Hablar de la existencia o inexistencia de algo o de alguien
- ▶ Expresar cantidad
- ▶ Hablar de tu barrio y de tu casa
- ▶ Debatir sobre la vivienda digna

¿Qué sabes?

1 **Todo el grupo** ¿Qué hay en un barrio? Conversa con tus compañeros/as.

2 **En parejas** Relaciona los tipos de vivienda con las fotos.

....

edificio de departamentos | condominio | casa con jardín y piscina
rancho | casa con patio | ático

México ⟩ alberca :
*Una casa inmensa, terraza con vista a la playa, **alberca** y un piso con sala de estar.*

Argentina ⟩ pileta :
*Por ejemplo, nunca meterse en la **pileta** sin avisar a los mayores.*

Latinoamérica y España ⟩ piscina :
*La urbanización dispone de zonas comunes con jardines, **piscinas** y pistas de pádel.*

Latinoamérica ⟩ departamento /apartamento :
*Laura y Consuelo, jóvenes que comparten **departamento**.*

España ⟩ apartamento/piso :
*Gloria quiere vender el **piso** en el que ha vivido toda su vida para irse al extranjero a trabajar.*

⑤

⑥

2.1 **Todo el grupo** ¿Hay viviendas similares en tu comunidad? ¿En qué tipo de casa vives? Busca una imagen y muéstrasela al resto de la clase.

Palabras

1 **En parejas** Lee la información de estos anuncios de renta y complétalos con las palabras de la tabla. Puedes usar el diccionario.

Tipo de vivienda	Partes de la casa	Muebles	Electrodomésticos	Otros
casa apartamento	baño dormitorios sala	clósets sillas	microondas heladera	cochera calefacción elevador

CALLE VIRIATO

$965/mes

100 m² | 2.ª planta

Renta

[1] .... de 100 m², exterior, muy céntrico y luminoso. Dos [2] ...., sala, cocina, [3] .... y tres balcones. Sin amueblar.

Características

Edificio
- Cuatro plantas.
- Sin [4] ....

Equipamiento
- Estufa de gas.
- [5] ....
- Lavarropas.
- Aire acondicionado.
- [6] .... central.

CONDOMINIO MIRAMAR

$1500/mes

125 m²

Renta

Preciosa [1] .... de 250 m². Dos plantas, vistas al mar, primera línea de playa. Tiene tres dormitorios, [2] ...., cocina, dos baños, terraza de 35 m² y [3] .... para dos carros.

Equipamiento
- Muebles: camas, [4] ...., dos sofás, sillón, televisión, mesa y [5] ....
- Aire acondicionado.
- Cocina equipada: estufa eléctrica, heladera, lavarropas, lavavajillas, horno y [6] ....

LÉXICO

Latinoamérica ❯ habitación/dormitorio/cuarto/recámara : *Alrededor del patio están las* **recámaras**, *la sala-comedor y la cocina.*
España ❯ dormitorio/habitación :
Una cocina de considerables dimensiones, un cuarto de baño y tres **dormitorios** *perfectamente amueblados.*

Latinoamérica ❯ sala/*living* : *Toman el café recién preparado en el* living.
España ❯ salón : *El* **salón** *es espacioso y [está] amueblado con refinamiento.*

Latinoamérica ❯ heladera/refrigerador : *Marta abre la* **heladera** *y saca la leche.*
España ❯ nevera/frigorífico :
Junto a la **nevera** *abierta, Ángela llena un vaso de agua con un botellón de agua de cinco litros.*

Latinoamérica ❯ lavarropas :
Para la ropa, blanqueadores, desmanchadores y los detergentes baja espuma para los **lavarropas** *automáticos.*
España ❯ lavadora : *Hay que hacer compra, preparar a los niños para el colegio, poner* **lavadoras**, *planchar…*

1.1 Escucha a estos agentes inmobiliarios y comprueba tus respuestas.

[9]

2 **En parejas** Observa las imágenes, lee las palabras y describe estos barrios.

residencial | céntrico | moderno | tranquilo | antiguo | ruidoso

<u>Ejemplo</u>: *El barrio de la foto 1 es…*

3 **En parejas** Mira el plano de este barrio y haz una lista de los edificios y de los establecimientos que hay. Puedes usar el diccionario si no sabes su significado. Trabaja con tu compañero/a.

3.1 **Todo el grupo** ¿Qué hay en tu barrio? ¿Qué no hay?

<u>Ejemplo</u>: *En mi barrio hay dos cafés, un supermercado, una farmacia y una parada de bus, pero no hay centro de salud.*

LÉXICO

Latinoamérica y España ➤ supermercado : *Quiero ir a un **supermercado** para conseguir algunas provisiones.*
Venezuela ➤ automercado :
*Carmen de López estaba haciendo sus compras en el **automercado** San Diego de la Zona Industrial.*

Gramática

1 Género y número de los nombres y los adjetivos

- Género **masculino**
  - Nombres terminados en -*o*: *apartamento, niño, lavabo…*
  - Nombres terminados en -*aje*: *paisaje, viaje…*

  > Excepciones:
  > *la mano, la foto, la moto, la radio…*

- Género **femenino**
  - Nombres terminados en -*a*: *casa, niña, computadora…*
  - Nombres terminados en -*ción*, -*sión*, -*dad*: *estación, televisión, nacionalidad…*

  > Excepciones:
  > *el día, el problema, el idioma, el tema, el sofá…*

- Los nombres referidos a **personas y animales** generalmente tienen los dos géneros: *niño/niña, gato/gata…*

- Hay nombres que usan **palabras diferentes** para el masculino y el femenino: *hombre/mujer, papá/mamá, caballo/yegua…*

- Los nombres que se refieren a **cosas** tienen **un solo género**: *el libro, la casa…*

- Los nombres terminados en **consonante** o en -*e* pueden ser masculinos o femeninos: *el lápiz, la pared, el puente, el restaurante, la fuente, la noche, la calle…*

- Formación del **plural**
  - Cuando el nombre termina en **vocal**, se añade -*s*: *apartamento › apartamentos; gato › gatos*
  - Cuando el nombre termina en **consonante**, se añade -*es*: *celular › celulares; televisión › televisiones*

  > Fíjate: *lápiz › lápices*

- Los **adjetivos concuerdan** en género y número **con el nombre** al que acompañan: *un barrio lindo/una tienda moderna/unos apartamentos céntricos/unas casas ruidosas…*

- Los adjetivos terminados en **consonante** o en -*e* no varían en el género: *interesante, agradable, dulce, difícil, fácil, útil…: el libro es interesante/la novela es interesante…*

1.1 Clasifica estos nombres en su lugar correspondiente de la tabla. Después escribe el plural.

> apartamento | mamá | habitación | ciudad | televisión | paisaje | cuarto | sofá
> idioma | calefacción | restaurante | caballo

Masculino	Femenino	Plural	

1.2 Escribe un nombre para cada uno de los siguientes adjetivos.

Ejemplo: *apartamento* moderno

1. .... interesante
2. ....buenas
3. .... útil
4. ....luminoso
5. ....agradable
6. .... fácil
7. .... céntrico
8. ....tranquilos

2 Artículo indeterminado y artículo determinado

En español hay dos artículos:

	Indeterminado		Determinado	
	Masculino	**Femenino**	**Masculino**	**Femenino**
Singular	**un** restaurante	**una** casa	**el** restaurante	**la** casa
Plural	**unos** restaurantes	**unas** casas	**los** restaurantes	**las** casas

- Sirve para hablar **por primera vez** de un nombre que es desconocido por nuestro interlocutor:

  *Tengo **un** apartamento en Cancún.*

- Sirve para hablar de un nombre **ya conocido** por el interlocutor:

  El apartamento tiene dos cuartos.

2.1 Escribe los artículos adecuados delante de cada nombre.

_un_ / _el_ lápiz	...... / ...... relojes	...... / ...... carro
unas / _las_ mesas	...... / ...... mamá	...... / ...... fuentes
...... / ...... días	...... / ...... problemas	...... / ...... calle
...... / ...... calefacción	...... / ...... cocinas	...... / ...... nacionalidad
...... / ...... viaje	...... / ...... sillón	...... / ...... mujeres
...... / ...... fotos	...... / ...... sofás	...... / ...... celular
...... / ...... idioma	...... / ...... televisión	...... / ...... lenguajes

> Para conocer el género de los nombres puedes fijarte en la información que hay en el diccionario:
> **Mujer** Del lat. *mulier, -ēris*. 1. (**f.**) Persona del sexo femenino.

3 Contraste *hay/está(n)*

- Para expresar la **existencia** de algo o de alguien y de su cantidad, se usa la estructura *hay* + *(un/ una/unos/unas)* + nombre. *Hay* tiene una sola forma para singular y plural:

  *En mi barrio **hay un** restaurante, **una** peluquería, **tres** escuelas, cafés, y árboles y plantas por todas partes.*

- También se usa para hablar de una **cantidad indeterminada**: *Hay* + *mucho/a/os/as - poco/a/os/as* + nombre:

  *En mi barrio **hay muchos** restaurantes pero **pocas** farmacias.*

- Para **localizar** algo o a alguien, se usa: *el/la/los/las* + nombre + *está(n)*:

  *Los niños **están** en la escuela.*

>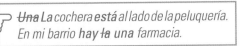
> ~~Una~~ La cochera está al lado de la peluquería.
> En mi barrio hay ~~la~~ una farmacia.

3.1 Completa el texto con *hay* o *está/están*.

Mi apartamento [1] .... en el centro de la ciudad. [2] ....
una estación de metro en la plaza y también [3] ....
un parque. Al lado de la escuela [4] .... muchos
restaurantes. La cochera [5] .... en el mismo edificio. En
mi apartamento [6] .... una cocina, una sala, un baño y un
dormitorio. Es chico y [7] .... pocos muebles. La mesa y las
sillas [8] .... en la cocina. El sofá y la televisión [9] ....
en la sala. [10] .... calefacción pero no [11] .... aire
acondicionado.

Practica en contexto

Verbo *estar*

- El verbo *estar* es un verbo irregular:

yo	**estoy**
tú	**estás**
él, ella, usted	**está**
nosotros/as	estamos
vosotros/as	estáis
ellos, ellas, ustedes	**están**

- El verbo *estar* se utiliza para **localizar en el espacio** y se combina con la preposición *en* y otras expresiones de lugar:

  El lápiz está al lado del libro.
  El libro está dentro de la mochila.

- La preposición *en* puede sustituir a *encima de* y *dentro de*:

  El libro está en/encima de la mesa.
  Los platos están en el/dentro del clóset.

- Estas son las expresiones de lugar más comunes:

Fíjate:
a + el **›** **al**   de + el **›** **del**

---

1 **En parejas** Pregúntale a tu compañero/a dónde están los siguientes lugares del barrio y completa tu plano. Después compara la ubicación de los lugares para comprobar si está bien.

Estudiante **A**
- el supermercado
- el auto
- el centro de salud
- la estación de metro

Estudiante **B**
- la farmacia
- el hotel
- el gimnasio
- la parada de bus del 43

encima de   debajo de   al lado de   dentro de

a la izquierda de   entre   a la derecha de   delante de   detrás de

Estudiante **A**

Estudiante **B**

2 **En parejas** Lee las entradas de un foro sobre los barrios de diferentes ciudades, completa con *mucho/a/os/as* o *poco/a/os/as* y elige la forma verbal *hay/está/están*.

Nuestros barrios

Bellavista, Santiago de Chile, Chile

Yo vivo en el barrio de Bellavista, en Santiago de Chile. Es uno de los lugares con más encanto de Santiago. [1] **Hay/Está/Están** al lado del cerro San Cristóbal y el río Mapocho. Es un barrio céntrico, pero [2] **hay/está/están** [3] **poc**....... tráfico y es muy tranquilo. [4] **Hay/Está/Están** [5] **much**....... restaurantes y calles coloridas con arte urbano. También [6] **hay/está/están** la casa del escritor Pablo Neruda.

Barrio El Carmen, Valencia, España

Yo vivo en el barrio El Carmen de Valencia. En mi barrio [7] **hay/está/están** [8] **much**....... cafés, un mercado y [9] **much**....... tiendas de ropa. Delante de mi casa [10] **hay/está/están** el centro comercial y detrás, el gimnasio donde voy habitualmente. Además, [11] **hay/está/están** una estación de metro. ¡Es el lugar perfecto para vivir!

Condominio Montesol, Buenos Aires, Argentina

Yo vivo en un condominio que se llama Montesol, a las afueras de Buenos Aires. En el condominio [12] **hay/está/están** [13] **poc**....... tiendas. Solo [14] **hay/está/están** un supermercado, un banco y, a la izquierda de mi casa, una farmacia. [15] **Hay/Está/Están** dos paradas de bus que [16] **hay/está/están** en la entrada del condominio. ¡Ah! Y [17] **hay/está/están** un parque para pasear al perro.

El barrio de mi compañero/a ....

....
....
....
....

Expresar cantidad

Usamos los cuantificadores *mucho/a/os/as* y *poco/a/os/as* + nombre:

En mi casa hay mucho ruido y poca luz.
La casa tiene muchas habitaciones y pocos clósets.

mucho   poco

2.1 **En parejas** Pregúntale a tu compañero/a en qué barrio vive y cómo es. Puedes buscar alguna imagen en internet.

En tu barrio…
- ¿Hay restaurantes? ¿Muchos o pocos?
- ¿Hay tiendas? ¿De qué tipo son?
- ¿Hay escuelas? ¿Dónde están?
- ¿Hay parques?
- ¿Hay hospitales o centros de salud?
- ¿Qué transportes hay?

2.2 Con la información obtenida, escribe una entrada en el foro anterior con la imagen y las características del barrio de tu compañero/a.

3 🔊 **En parejas** Escucha a estas personas y anota las características de la casa que necesitan. Después compara tus notas con las de tu compañero/a.

[10]

① ②

③

④ ⑤ ⑥

3.1 Ahora lee estos anuncios de venta y renta de casas. Puedes usar el diccionario si no entiendes alguna palabra.

ⓐ Renta de habitaciones para estudiantes

Zona centro.
Sin amueblar.
Exteriores.
$200/mes.
Contacto: 367 529 6844
(preguntar por Rosa).

ⓑ encuentracasa.com

Renta de departamentos amueblados de 2 y 3 dormitorios en zona centro. Interiores, con elevador y calefacción central.
Bien comunicados.
Entre $900 y $1000/mes.
Contacto:
juan@encuentracasa.com

ⓒ Venta de estudios y departamentos de 2 dormitorios en zona centro

Céntricos, interiores y exteriores, con elevador, cochera y trastero.
Amueblados, con cocina equipada y calefacción central.
Tiendas y supermercados.
Cafés y restaurantes.
Escuelas y zonas verdes.
Más información en www.vendealquila.com

ⓓ ¡Nueva promoción!

Renta y venta de estudios en el barrio de Buenos Aires (a 5 minutos del centro en metro).
Interiores/exteriores.
Cochera (opcional).
Zona con supermercados, cafés y tiendas de barrio.
Ver más en info@alquinova.com

👉 *m²* se dice *metros cuadrados*.

Números desde 100

- **100** cien
- **101** ciento un(o) / una
- **102** ciento dos
- **115** ciento quince
- **168** ciento sesenta y ocho
- **200** doscientos/as
- **300** trescientos/as
- **400** cuatrocientos/as
- **500** quinientos/as
- **600** seiscientos/as
- **700** setecientos/as
- **793** setecientos/as noventa y tres
- **800** ochocientos/as
- **900** novecientos/as
- **1000** mil
- **1001** mil un(o)/a
- **1439** mil cuatrocientos/as treinta y nueve

👉 Fíjate:
ciento un pesos/ciento una personas
doscientos pesos/doscientas personas

ⓕ Inmobiliaria Los Peñotes

Venta y renta de casas en condominio La Casona (a 50 km del centro).
1 planta + cochera (2 plazas).
3 dormitorios.
2 baños.
Jardín de 155 m².
Zonas comerciales.
Escuelas.
Renta desde $900.
Ver precios de venta en www.inmopeñotes.com

ⓖ Inmobiliaria Villar

Venta de casa de 185 m² en el condominio Los Pinares (a 30 km del centro).
2 plantas + cochera (1 plaza).
3 dormitorios.
2 baños.
Jardín de 100 m².
Escuelas.
Zonas comerciales.
$310 000.
Contacto: 397 236 4491.

ⓗ Rento departamento sin amueblar en zona centro

110 m².
3 dormitorios.
Primera planta.
Exterior.
Calefacción individual.
Elevador.
Zona de restaurantes y tiendas.
Contacto:
Juan: 698 587 1101.

3.2 **Todo el grupo** ¿Qué vivienda de las anteriores es más adecuada para las personas de la actividad 3? ¿Por qué?

4 🔊 Escucha el precio de estas rentas y anótalo. Después escríbelo en letras.

[11]

1. $ ....
2. $ ....
3. $ ....
4. $ ....
5. $ ....
6. $ ....
7. $ ....
8. $ ....
9. $ ....

LÉXICO

Latinoamérica ❯ renta/rentar :
—Perdone —dijo ella—, ¿es este el departamento que rentan?
España ❯ alquiler/alquilar :
La Comunidad ofrecerá este año 7600 pisos en alquiler para jóvenes.
Latinoamérica ❯ elevador :
Ahí tomé el elevador hasta el piso número 5.
España ❯ ascensor :
Bajamos en ascensor a la planta baja.
Latinoamérica ❯ cochera :
La casa que habitaron en la colonia Condesa no tenía cochera.
España ❯ garaje :
Todas las viviendas incluyen plaza de garaje.

5 **En parejas** Hazle a tu compañero/a la siguiente encuesta para saber cómo son su casa y su barrio.

1. ¿Qué tipo de casa es?
   ☐ estudio   ☐ apartamento
   ☐ casa   ☐ otros

2. ¿Cuántos metros cuadrados mide?
   ☐ Menos de 80 m².
   ☐ Entre 80 m² y 120 m².
   ☐ Más de 120 m².

3. ¿Cuántos dormitorios tiene?

4. ¿Qué equipamiento tiene la casa? ¿Está amueblada? ¿Tiene cochera, calefacción…?

5. ¿En qué planta está?

6. ¿En qué barrio está?

7. ¿Qué tipo de barrio es?
   ☐ residencial ☐ moderno   ☐ antiguo
   ☐ céntrico   ☐ tranquilo ☐ alegre

Números ordinales

Para indicar el orden de los elementos, se usan los **números ordinales**. Los números ordinales tienen el mismo género y número del nombre al que acompañan o al que se refieren:

- 1.º (er)/ª/os/as ❯ primero (primer)/a/os/as
- 2.º/ª/os/as ❯ segundo/a/os/as
- 3.º (er)/ª/os/as ❯ tercero (tercer)/a/os/as
- 4.º/ª/os/as ❯ cuarto/a/os/as
- 5.º/ª/os/as ❯ quinto/a/os/as
- 6.º/ª/os/as ❯ sexto/a/os/as
- 7.º/ª/os/as ❯ séptimo/a/os/as
- 8.º/ª/os/as ❯ octavo/a/os/as
- 9.º/ª/os/as ❯ noveno/a/os/as
- 10.º/ª/os/as ❯ décimo/a/os/as

Vivo en la décima planta de este edificio.
Somos los terceros de la clase.

👉 Fíjate:
curso **primero** ❯ **primer** curso
curso **tercero** ❯ **tercer** curso

ⓔ **Rento cuarto en zona universitaria**

Bien comunicado.
Cuarto interior con cama, mesa y clóset.
$250/mes.
(Preguntar por Ana).
Tel.: 931 457 2235.

ⓘ **Parimbo renta departamentos desde $700**

Bien comunicados.
2 o 3 dormitorios.
Exteriores o interiores.
Calefacción central.
Elevador.
Sin amueblar.
Barrio con escuelas, parques, tiendas y supermercados.
Contacto:
info@parimbo.com

5.1 Con la información de tu compañero/a, escribe un breve anuncio de venta o renta de su casa. Incluye los datos que aparecen en el cuadro y ponle un precio.

tipo de vivienda | metros cuadrados | localización | equipamiento
número de habitaciones | características del barrio

6 **Todo el grupo** ¿Cómo es la vivienda en tu comunidad? Conversa con tus compañeros/as. Explica las diferencias.

POR UNA VIVIENDA DIGNA

Artículo 25 de la Declaración Universal de los Derechos Humanos (1948)

*Toda persona tiene derecho a un nivel de vida adecuado que le asegure, así como a su familia, la salud y el bienestar, y en especial la alimentación, el vestido, la **vivienda**, la asistencia médica y los servicios sociales necesarios.*

1   **En grupos pequeños** El Comité de Naciones Unidas de Derechos Económicos, Sociales y Culturales dice que la vivienda tiene que ser adecuada y digna y debe cumplir siete condiciones. Fíjate en la imagen y deduce, con tus compañeros/as de grupo, a qué se refieren. ¿Alguna de las palabras es similar en tu lengua?

Ejemplo: *Yo creo que "seguridad de la tenencia" significa que no pueden quitarte tu casa. En la imagen la mujer muestra un documento que parece un contrato.*

Adecuación cultural

Habitabilidad

Asequibilidad

Accesibilidad

Disponibilidad

Ubicación

Seguridad de la tenencia

2 **Todo el grupo** Comenta la siguiente información con tus compañeros/as. ¿Cómo es la situación de la vivienda en tu país? ¿Existen viviendas sociales? ¿Las rentas son asequibles?

"1600 millones de personas viven en el mundo en viviendas indignas y 100 millones no tienen vivienda".

Miloon Kothari, arquitecto y relator especial sobre Vivienda Adecuada por la Comisión de Derechos Humanos de las Naciones Unidas.

HOSTAL *Babel*

Este barrio

Antes del video

1 **En parejas** En la fotografía se ve la cocina del hostal Babel. Marca las cosas que ves en ella.

- [ ] aire acondicionado
- [ ] clóset
- [ ] horno
- [ ] lámpara
- [ ] lavarropas

- [ ] lavavajillas
- [ ] mesa
- [ ] refrigerador
- [ ] plantas
- [ ] sillas

2 **Todo el grupo** ¿Cómo es la cocina del hostal Babel? ¿Qué tiene? Puedes usar algunas de estas palabras para describirla.

grande   totalmente equipada   vieja   sin amueblar   luminosa   pequeña   moderna

Durante el video

3 Marca los establecimientos típicos de un barrio que se mencionan en el fragmento 00:30 ▶ 03:25.

- [ ] restaurante vegano
- [ ] biblioteca
- [ ] café
- [ ] centro comercial
- [ ] centro de salud

- [ ] escuela
- [ ] discoteca
- [ ] entrada de metro
- [ ] estudio de yoga
- [ ] farmacia

- [ ] gimnasio
- [ ] hostal
- [ ] hotel
- [ ] parada de autobús (colectivo)

- [ ] universidad
- [ ] hospital
- [ ] supermercado
- [ ] tienda de alimentos ecológicos (naturistas)

☞ Fíjate:
En España también se usa la palabra *autobús*.

4 Tere, Hugo y Carla están localizando algunos lugares del barrio en el plano. ¿Quién está interesado en los siguientes lugares? Vuelve a visionar el fragmento 00:30 ▶ 03:25 y relaciona la información.

1. un restaurante vegano
2. una biblioteca
3. un estudio de yoga
4. una discoteca
5. un gimnasio
6. una tienda de alimentos ecológicos (naturistas)

a. Tere
b. Hugo
c. Carla

LÉXICO
Latinoamérica y España ▸ barrio :
*Hace muchos años que vivo en un **barrio** y hago vida de barrio.*
México y Honduras ▸ colonia :
*Tomó un taxi que lo llevó hasta la **colonia** Guadalupe Inn.*

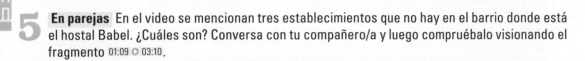

5 **En parejas** En el video se mencionan tres establecimientos que no hay en el barrio donde está el hostal Babel. ¿Cuáles son? Conversa con tu compañero/a y luego compruébalo visionando el fragmento 01:09 ▶ 03:10.

6 Carla y Hugo llaman al metro y al bus de diferente manera. Selecciona la opción correcta. Luego comprueba tus respuestas visionando el fragmento 00:30 ▶ 01:08.

 1. ¿Cómo llama Hugo al bus?
a. camioneta   b. camión   c. colectivo

2. ¿Cómo llama Carla al metro?
a. colectivo   b. guagua   c. subte

LEO

7 En la última parte del video conocemos a un personaje nuevo, Leo. ¿Qué aficiones tiene? Visiona el fragmento 03:58 ▶ 04:20 y marca sus aficiones.

☐ los cómics   ☐ los cuadros   ☐ el estudio   ☐ el deporte

☐ las novelas   ☐ los videojuegos   ☐ las películas   ☐ la fotografía

☞ Fíjate:
En Latinoamérica se usa más la palabra *filme*, en España se usa película.

8 Carla, Tere y Leo le explican a Hugo dónde están sus dormitorios. Visiona el fragmento 04:20 ▶ 04:40 y relaciona la información.

1. El cuarto de Carla está…   a. **enfrente del** cuarto de Tere.
2. El cuarto de Leo está…   b. **a la izquierda del** pasillo.
3. El cuarto de Tere está…   c. **a la derecha del** pasillo.
4. El cuarto de Bea está…   d. **al lado del** baño chico.

☞ Recuerda:
• a + el › **al**
• de + el › **del**

Después del video

9 Observa los gestos de estas tres imágenes. ¿Qué crees que indican? ¿Se utilizan los mismos gestos en tu país?

10 **En grupos pequeños** Dibuja el plano de tu casa y explícales a tus compañeros/as qué habitaciones tiene. Después diles dónde está tu cuarto.

Esta es mi casa. Esta es la sala, esta es la cocina… Acá está mi cuarto, está a la izquierda del baño.

11 **Todo el grupo** ¿Vas a los mismos lugares que los personajes del video? ¿Qué lugares de tu barrio visitas con más frecuencia?

1 Completa las palabras relacionadas con la vivienda y el barrio.

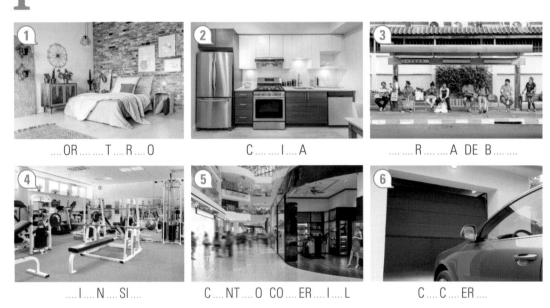

....OR....T....R....O

C....I....A

....R....A DE B....

....I....N....SI....

C....NT....O CO....ER....I....L

C....C...ER....

2 Completa el correo electrónico de Patricia con los artículos *un, una, el, la.*

| ●●● | De: Patricia | Para: Víctor | Asunto: Mi nueva casa |

¡Hola, Víctor!
¡Ya tengo casa! Es [1] .... departamento muy lindo. Tiene dos cuartos, [2] .... sala muy grande y [3] .... cocina americana. [4] .... sala y [5] .... dormitorio grande tienen mucha luz. [6] .... departamento está al lado de mi trabajo y está en [7] .... barrio muy animado. ¡Qué suerte! En [8] .... barrio hay muchas cosas: [9] .... parque, [10] .... escuela para Guille, [11] .... biblioteca, muchos restaurantes, bancos y tiendas. [12] .... parque es ideal para pasear con Guille y correr en las mañanas.
¡A ver cuándo me visitas!
Besos,
Patricia

3 Elige la opción correcta.

1. El/La sofá es cómodo/a.
2. Los/Las problemas son difíciles.
3. Rento un/una apartamento exterior.
4. Hay una/la tienda de ropa en mi calle.
5. Los/Las restaurantes son modernas/os.
6. El/La foto es lindo/a.

4 Relaciona con su contrario.

| individual │ interior │ nuevo │ oscuro |
| sin amueblar │ sin elevador |

1. exterior/..
2. viejo/..
3. con elevador/..
4. calefacción central/calefacción ....
5. amueblado/...
6. con luz/..

5 Escribe en letras los siguientes números. Cuidado con la concordancia.

314 .... personas.

271 .... pesos.

568 .... libros.

981 .... viviendas.

365 .... días.

6 Combina los elementos de las columnas para formar frases.

1. Los libros		al lado del lavarropas.
2. El barrio		en el centro de la ciudad.
3. En mi barrio	está	elevador.
4. El refrigerador	están	a la derecha de la sala.
5. En el edificio no	hay	delante del sofá.
6. La mesa		encima de la mesa.
7. Mi dormitorio		muchas tiendas.

7 Escucha el diálogo. ¿De qué oferta hablan?

[12]

1. Se renta departamento con muebles. 2 dormitorios. Exterior. Calefacción individual. En el centro de la ciudad. Precio: $900/mes.

2. Rento departamento amueblado en Las Rosas. 2 dormitorios, exterior, con elevador y calefacción central. Bien comunicado. Precio: $900/mes.

3. Renta: departamento exterior y amueblado en zona centro. 2 dormitorios, con elevador y calefacción central. Precio: $900/mes.

8 Responde a este correo electrónico dándole a la persona la información que pide y que aparece debajo.

●●●

Hola, buenos días:
Estoy interesado en el apartamento para rentar con referencia 9214875, pero necesito alguna información más.
¿En qué calle está? ¿En qué planta está? ¿Hay portero en el edificio? ¿Y cochera? ¿Cómo es el barrio?
Muchas gracias.
Un saludo,
Carlos Pérez

●●●

Hola, Carlos:
El apartamento con referencia 9214875 está .....
....
En el edificio hay ....
....
El barrio es ....
....
....
Un saludo,
....

- Departamento:
  – calle Cartagena, 15, 5.ª planta
  – portero 24 horas
  – cochera

- Barrio:
  – residencial y tranquilo
  – con zonas verdes
  – 1 estación de metro

  – 2 paradas de bus
  – 2 supermercados
  – 1 panadería

  – 1 centro comercial
  – 1 escuela
  – 1 farmacia 24 horas

Unidad

3

¿Te gusta viajar? ¿A dónde?

¿Cómo viajas?

¿Con quién viajas?

¿Qué llevas siempre en tu valija?

Vamos de viaje

En esta unidad vas a. . .

- ▶ Localizar personas, objetos y lugares
- ▶ Expresar preferencias
- ▶ Pedir y dar instrucciones para traslados en medios de transporte
- ▶ Pedir y dar información espacial
- ▶ Preguntar y decir el precio
- ▶ Conocer Ciudad de México

¿Qué sabes?

1 **Todo el grupo** ¿Conoces estos medios de transporte? Escribe el nombre debajo de cada imagen. ¿Cuál prefieres?

barco | tren | metro | avión | bus | bicicleta | carro | taxi

1 ....

2 ....

3 ....

4 ....

LÉXICO

Latinoamérica ❯ carro/auto : *Ramón, tú a mi **carro** no subes.*
España ❯ coche : *Creo que está en el **coche**…*

Latinoamérica y España ❯ metro : *Teodoro mueve la cabeza, baja ahora las escaleras del **metro** y no quiere pensar en Carlos.*
Argentina y Uruguay ❯ subte : *Con toda la gente que viaja en **subte**, el colectivo estará vacío.*

1.1 **Todo el grupo** ¿Cuáles utilizas más? ¿Y cuáles no utilizas? ¿Por qué?

<u>Ejemplo</u>: *Yo utilizo el metro porque es más rápido.*

2 **En parejas** Cuando viajas, ¿qué buscas? ¿Coincides con tu compañero/a?

Cuando viajo, busco...

bienestar ▲

naturaleza ▲

tranquilidad ▲

▶ sol y playa

gastronomía ▼

cultura ▼

⑤ ....

⑥ ....

⑦ ....

⑧ ....

México ❯ camión : *Son las 11 de la noche. Un* **camión** *azul recorre las calles…*
Argentina ❯ colectivo : *En un cuarto de hora sale el* **colectivo**…
Guatemala ❯ camioneta : *Nos sentamos como mejor podemos en el interior de la* **camioneta**…
Cuba e Islas Canarias (España) ❯ guagua : *Uno puede acompañar a sus familiares a las paradas de las* **guaguas**…
España peninsular ❯ autobús : *De nuevo en el* **autobús** *de regreso a casa.*

3 **En grupos pequeños** ¿Conoces estos tipos de alojamiento? ¿Cómo se llaman en español? ¿Dónde te alojas cuando viajas?

diversión

aventura

①

②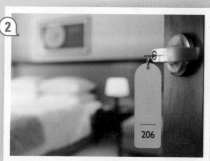

③

④

Palabras

1 Cuando viajamos, estos son algunos de los lugares de interés que encontramos. Relaciona las imágenes con la palabra correspondiente.

| museo | iglesia | ruinas |
| plaza | parque | mirador |

① _____

② _____

1.1 Escucha el audio y di de qué fotos hablan. ¿Sabes de qué país son?

[13]

Hablan de las fotos ...., ... y ....

El país es ....

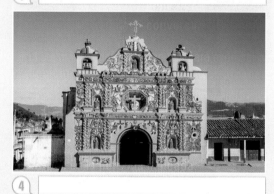
④ _____

⑤ _____

1.2 **Todo el grupo** ¿Qué monumentos hay en tu ciudad? Cuéntaselo a la clase.

2 Relaciona los iconos con su significado.

a. estacionamiento | **b.** restaurante
c. baños | **d.** recepción 24 h
e. wifi | **f.** aseos | **g.** piscina
h. parque infantil | **i.** supermercado
j. zona de acampada

2.1 **En parejas** Mira el plano del *camping* Albatros y pregúntale a tu compañero/a dónde están estos lugares.

Estudiante **A**

1. los baños
2. la piscina
3. el estacionamiento
4. la recepción

 ①
 ②
 ③

 ④
 ⑤
 ⑥

 ⑦
 ⑧
 ⑨

 ⑩

parque infantil | aseos/WC | zona de acampada | restaurante

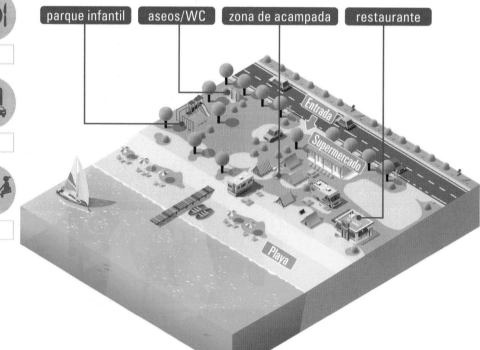

Entrada
Supermercado
Playa

③

⑥

3 **En parejas** ¿Con qué tipo de turismo relacionas estas actividades? Escríbelas en el lugar que corresponde.

> Ir a la playa. | Ir a la montaña.
> Ver un espectáculo. | Descansar. | Visitar/Ver un parque natural.
> Hacer una excursión. | Hacer surf. | Visitar/Ver un museo.
> Ir a un mercado de artesanía. | Tomar el sol.
> Ver animales. | Ver monumentos. | Hacer submarinismo.

Turismo de naturaleza	Turismo cultural	Turismo de sol y playa

☞ Para hablar de cercanía o lejanía usamos *cerca (de)* y *lejos (de)*. Recuerda:

- delante (de)/detrás (de)
- a la izquierda (de)/a la derecha (de)
- entre… y…
- acá/allá

Estudiante Ⓑ

1. la zona de acampada   3. los aseos
2. el parque infantil   4. el restaurante

baños   piscina   recepción   estacionaminto

3.1 **Todo el grupo** ¿Qué prefieres hacer cuando viajas? Cuéntaselo a la clase.

> Cuando viajo, prefiero descansar, ir a la playa y tomar el sol.

Gramática

1 Verbos *ir* y *viajar*

	Ir	Viajar
yo	**voy**	viajo
tú	**vas**	viajas
él, ella, usted	**va**	viaja
nosotros/as	**vamos**	viajamos
vosotros/as	**vais**	viajáis
ellos, ellas, ustedes	**van**	viajan

Observa:
- El verbo *ir* es completamente irregular.
- El verbo *viajar* es un verbo regular. Fíjate en las terminaciones.

2 Preposiciones *a* y *en*

La preposición *a* sirve para:
- Expresar la **dirección** y el **destino**:

    Este verano voy a Cuba.

    Recuerda: *a + el › al*:

    Pueden ir al centro caminando.

- Expresar la **distancia** o el **tiempo**:

    El centro está a tres kilómetros del hotel, pero hay una estación de metro a cinco minutos de acá.

La preposición *en* sirve para:
- **Localizar** personas, lugares u objetos:

    El hotel está en el centro de la ciudad.

- Hablar del **medio de transporte**:

    ¿Por qué no vas a San Francisco en tren?

Fíjate en estas excepciones:
ir a pie - ir **caminando** - ir a caballo

2.1 **En parejas** ¿Qué medio de transporte utiliza tu compañero/a en su vida diaria para ir a estos lugares? Pregúntaselo y anota su respuesta.

- la universidad
- el centro
- el supermercado
- el cine
- un restaurante
- la casa de tu familia
- …

Ejemplo: ▶ *¿Cómo vas al trabajo?*
▷ *Voy en metro.*

2.2 **Todo el grupo** ¿En qué coincides con él/ella? Cuéntaselo al resto de la clase.

Mi compañera Lenka y yo vamos en tren a la universidad y al campo.

2.3 Lee el programa de un viaje a Buenos Aires y completa con las preposiciones *a* o *en*. Realiza los cambios necesarios.

Viaje a Buenos Aires

Día 1
Vuelo de Bogotá [1] .... Buenos Aires y recepción [2] .... el aeropuerto.

Día 2
Visita panorámica [3] .... bus para ver la plaza Rosada, la plaza de Mayo y Puerto Madero. Comida [4] .... el barrio de San Telmo y vuelta [5] .... el hotel. Tarde libre.

Día 3
Visita [6] .... el barrio de Palermo y [7] .... el Jardín Japonés. Tiempo libre para comer [8] .... Palermo y visita guiada [9] .... el cementerio de la Recoleta.

Día 4
Excursión [10] .... el barrio de La Boca y tarde libre. Espectáculo de tango [11] .... el café Tortoni.

Día 5
Excursión por el río Tigre [12] .... barco.

Día 6
Vuelo de regreso [13] .... Bogotá.

3 Verbos *poder* y *preferir*

Poder	Preferir
pue**do**	pref**i**e**ro**
pue**des**	pref**i**e**res**
pue**de**	pref**i**e**re**
pod**emos**	prefer**imos**
pod**éis**	prefer**ís**
pue**den**	pref**i**e**ren**

- *Poder* + infinitivo expresa **posibilidad**:

  *En Guatemala **puedes** ver volcanes, ruinas y **visitar** una ciudad como Antigua.*

- *Preferir* + nombre/infinitivo se usa para hablar de **preferencias**:

  *Yo **prefiero** el viaje/viajar a Punta Cana porque es muy barato.*

👉 Estos verbos son irregulares en la raíz verbal.

3.1 **Todo el grupo** Cuenta a la clase cuáles son tus preferencias cuando viajas y justifica por qué.

Cuando viajo, prefiero

ir en avión	
ir en tren	
ir en carro	
ir en bus	
Ir caminando/a pie	
ir a casa de un amigo	
ir a un *camping*	
dormir en un hotel	
ir a la playa	
ir al campo	
ir a la montaña	
visitar una ciudad	
comer en un restaurante	
…	

porque

es (más)
divertido.
barato.
relajante.
interesante.
variado.
rápido.
cómodo.
seguro.
…

puedes
pasear.
ver animales.
disfrutar de la naturaleza.
hacer una excursión.
hacer turismo.
tomar el sol.
…

> **LÉXICO**
> Los adjetivos más frecuentes en español asociados a medios de transporte son:
> *ecológico, rápido, lento, caro, peligroso, cansado, práctico, seguro, cómodo, económico, puntual, contaminante, barato.*

4 Hay, ser y estar

- *Hay* se usa para hablar de la **existencia** o **inexistencia** de algo:

  *Cerca del museo **hay** un parque.*
  *En el hotel no **hay** restaurante.*

- *Ser* + adjetivo se usa para **describir** objetos, lugares y personas:

  *El hotel **es** céntrico/grande/pequeño/limpio…*

- *Estar* se usa para **localizar** lugares, personas y objetos en el espacio:

  ▶ *¿Dónde **está** la estación de trenes?*
  ▷ ***Está** cerca del hotel.*

4.1 **En parejas** Completa los comentarios con los verbos *ser*, *estar* o *hay*.

info Hotel

Hotel NovoLuxe
★ ★ ★

El hotel [1] .... en el centro y [2] .... una parada de bus delante del hotel. En las habitaciones [3] .... aire acondicionado, pero la conexión wifi, aunque [4] .... gratuita, no [5] .... muy buena.
El restaurante [6] .... agradable y económico. [7] .... en la primera planta del hotel. [8] .... pequeño, pero la atención [9] .... muy buena. [10] .... un bufé libre muy variado.

● ● ●

La excursión a Antigua [11] .... muy interesante. En la ciudad [12] .... muchas iglesias, ruinas y museos, y puedes visitar el volcán de Agua y el cerro de la Cruz, un mirador que [13] .... a 10 minutos en carro del centro. Al cerro de la Cruz puedes ir en taxi o caminando y al volcán de Agua puedes ir en taxi ([14] .... a 11 kilómetros más o menos).

Practica en contexto

1 🔊 [14] Escucha a estas dos personas y marca la información que se refiere a Marta, a Antonio o a los dos.

Expresar deseos

Para hablar de **deseos**, utilizamos el verbo *querer* + nombre/infinitivo:

| quiero |
| quieres |
| quiere |
| queremos |
| queréis |
| quieren |

👉 El verbo *querer* es irregular.

*Marta **quiere** un viaje cultural y visitar museos.*

	Antonio	Marta	Los dos
1. Tiene poco dinero.	☐	☐	☐
2. Quiere ir a una ciudad.	☐	☐	☐
3. Busca relax.	☐	☐	☐
4. Quiere viajar en barco.	☐	☐	☐
5. Quiere un viaje cultural.	☐	☐	☐
6. Tiene muchos días de vacaciones.	☐	☐	☐
7. Quiere conocer una cultura diferente.	☐	☐	☐
8. Busca naturaleza.	☐	☐	☐
9. Tiene pocos días de vacaciones.	☐	☐	☐

1.1 **En parejas** Lee la información de estas tres ofertas y decide cuál es el viaje ideal para Marta y cuál para Antonio y por qué. Puedes buscar en el diccionario las palabras que no entiendes.

Ejemplo: *El viaje ideal para Marta es… porque…*

OFERTA 1

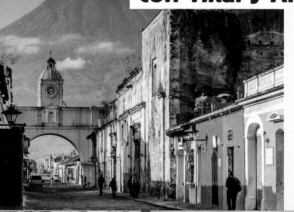

Altiplano guatemalteco con Tikal y Antigua (Circuito de 9 días)

desde $1400

Si buscas el encanto de las antiguas civilizaciones, ciudades con historia, mercados autóctonos y una naturaleza exuberante, no te pierdas este itinerario por Guatemala.

Ruinas mayas, arquitectura colonial, selva, volcanes, baños termales… Todo esto y mucho más te espera en el corazón de América.

Programa del viaje

Día 1 Vuelo de Chicago a Ciudad de Guatemala.

Día 2 Estadía en Ciudad de Guatemala. Viaje a Chichicastenango y visita al famoso mercado. Viaje al lago Atitlán.

Día 3 Lago Atitlán: paseo en barco, visita a Santiago Atitlán y vuelta a Ciudad de Guatemala.

Día 4 Mañana libre en Ciudad de Guatemala. En la tarde, visita a las ruinas de Tikal y noche en Petén.

Día 5 Viaje a Antigua.

Días 6 y 7 Días libres en Antigua.

Día 8 Viaje de Antigua a Ciudad de Guatemala y traslado al aeropuerto.

Día 9 Llegada a Chicago.

OFERTA 2

Descubre el mejor CARIBE

desde $790

La esencia del Caribe en la República Dominicana

Conoce la cultura dominicana y su deliciosa gastronomía. Disfruta del color de las espectaculares playas de Punta Cana, los arrecifes de coral en isla Saona, la naturaleza del parque nacional de Cotubanamá… Visita la ciudad colonial de Santo Domingo, declarada Patrimonio de la Humanidad por la Unesco.

El precio incluye:

- Boleto directo de ida y vuelta en clase turista.
- Seguro de viaje.
- Traslados en bus.
- 7 noches de hotel con todo incluido.*
- Solo se acepta una valija grande (23 kg).

*Precios por persona en habitación doble para los hoteles Pájaro Resort y M&J Hoteles.

OFERTA 3

MI BUENOS AIRES QUERIDO

(Circuito de 7 días)

desde $1200

¿Quieres visitar el colorido barrio de La Boca, las tiendas de San Telmo, las diferentes zonas de Palermo y el cementerio de la Recoleta? ¿Quieres hacer una excursión en barco por el río Tigre o disfrutar de un espectáculo de tango?

Tu destino es, sin duda, Buenos Aires.

El precio incluye:

- Vuelos.
- Guía turístico.
- Traslados.
- Seguro de viaje.
- Visitas/excursiones.*
- 6 noches en hotel de 4 estrellas con todo incluido.**

* Espectáculos no incluidos en el precio.
** Precio por persona en habitación individual/doble.

LÉXICO

Latinoamérica **›** valija : *Marta pone la **valija** sobre la cama y comienza a sacar ropa.*
España **›** maleta : *¡Hijo!, ¿dónde vas con esa **maleta**?*

Latinoamérica **›** boleto/pasaje : *Solo puedes ir en los taxis autorizados y tienes que comprar el **boleto**.*
*Claro que te voy a ayudar. Conseguiremos un **pasaje**. ¿Cuánto cuesta?*
España **›** billete : *Quiero un **billete** de primera para el primer vuelo.*

1.2 **En parejas** ¿Cuál de los tres destinos prefieres para ti? ¿Por qué?

1.3 **Todo el grupo** ¿Cuáles son los destinos más turísticos de tu país? ¿Qué buscan normalmente los turistas que lo visitan? Cuéntaselo a tus compañeros/as.

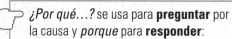

¿Por qué…? se usa para **preguntar** por la causa y *porque* para **responder**:

▶ *¿Por qué* prefieres viajar en avión?
▷ *Porque* es más seguro.

2 **En parejas** Lee la información de la web del hotel Quetzal de Antigua (Guatemala) y marca las afirmaciones correctas. Luego compara con tu compañero/a.

Hotel Quetzal Antigua (Guatemala)

8.5 ★★★☆ **Fantástico**

El hotel está situado en el centro histórico de Antigua. Las habitaciones tienen ventilador y TV y vistas al patio central o a la ciudad. A solo cinco minutos a pie hay cafés y restaurantes. El establecimiento también tiene servicios de enlace con el aeropuerto y otros lugares de interés (pagando un suplemento). El centro de la ciudad y la plaza principal están a siete minutos a pie.

Aceptamos tarjetas de crédito. Hablamos español e inglés.

Servicios:

Todas las habitaciones incluyen:
- Baño privado
- Ventilador
- TV
- Minibar

Opiniones:

Richi94 El hotel es muy céntrico. No es muy grande y no hay aire acondicionado en las habitaciones, pero la atención es muy buena.

⬆ **Lo mejor:** la atención.   ⬇ **Lo peor:** no hay restaurante.

Samanta0925 El hotel no es muy grande, pero es muy cómodo y familiar. Cerca del hotel hay de todo: cafés, restaurantes, supermercados... Además, está muy cerca de la estación de buses.

⬆ **Lo mejor:** la localización.   ⬇ **Lo peor:** no puedes desayunar en el hotel.

Edgar R La atención es muy buena y hay wifi gratis. Detrás del hotel hay un café muy barato para desayunar. Además, es un hotel accesible para personas con movilidad reducida.

⬆ **Lo mejor:** es muy barato.   ⬇ **Lo peor:** no hay aire acondicionado.

> **Valorar**
> Cuando valoramos el aspecto más positivo o más negativo de algo o alguien, se usa *lo mejor* y *lo peor*:
> *Lo mejor del hotel es la atención y lo peor es que no hay restaurante.*

1. ☐ Desde algunas habitaciones se ve la ciudad.
2. ☐ Una persona en silla de ruedas no puede alojarse allá.
3. ☐ Hay una estación de buses cerca del hotel.
4. ☐ En las habitaciones hay aire acondicionado y ventilador.
5. ☐ En el hotel hay un estacionamiento.
6. ☐ El hotel está lejos del centro.
7. ☐ Las habitaciones tienen televisión.
8. ☐ El hotel es pequeño.

> **Pedir/dar información para ir a un lugar**
> - Perdón/Por favor, ¿cómo puedo/podemos ir a...?
> - *Puede(s)/Pueden + tomar/ir en +* medio de transporte
>   ▶ *¿Cómo podemos ir a plaza Central?*
>   ▷ *Pueden tomar el metro o ir en el bus número 3.*
>
> **Preguntar/decir el precio**
> Usamos el verbo *costar*:
>   ▶ *¿Cuánto cuesta la excursión?*
>   ▷ *Cuesta $20.*

3 🔊 Juan y Ana están en Antigua, en el hotel Quetzal. Escucha la conversación con el recepcionista y completa la información de la tabla.

[15]

Pueden visitar...	Pueden ir...	¿Está lejos?	¿Cuánto cuesta?
el centro histórico			
el cerro de la Cruz			
el volcán de Agua			
las plantaciones de café			

> **LÉXICO**
> Latinoamérica ❯ tomar : *Claro, yo voy para el mismo lado. Podemos tomar el bus.*
> España ❯ coger : *Cojo el metro para ir al intercambiador de Moncloa...*

4 [16]

Escucha cómo se va a la iglesia de la Merced. Señala en el plano de Antigua el recorrido, según las indicaciones.

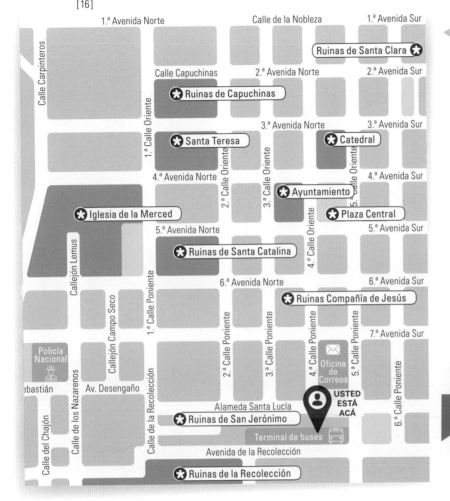

Pedir/dar información espacial

- Perdón/Por favor, ¿dónde está/están…?
- (Mira/Mire),
  - gira/gire a la derecha/izquierda… en…
  - cruza/cruce la calle…
  - sigue/siga todo recto por esta/la calle… hasta…
  - allá está/están…

▶ Por favor, ¿dónde está la oficina de información?
▷ Mira, sigue todo recto hasta la segunda calle, gira a la derecha y cruza la calle. Allá está la oficina de información.

En español, para expresar cercanía o lejanía, se utilizan estos adverbios:
- acá (más cerca del hablante)
- ahí (distancia intermedia)
- allá (más lejos del hablante)

En España se prefieren las formas aquí y allí, en lugar de acá y allá.

LÉXICO
Latinoamérica › cuadra :
Camina de una esquina a otra de la cuadra.
España › manzana :
Sí, está justo a dos manzanas.

- Las formas mira, gira, cruza y sigue son informales: se usan con tú.
- Mire, gire, cruce y siga son formales: se usan con usted.

4.1 En parejas Pide indicaciones a tu compañero/a para llegar a los siguientes lugares. Después marca con una línea el recorrido en el plano de la actividad anterior.

○---◉ **Estás en…**
- ✪ las ruinas de Capuchinas.
- ✪ la plaza Central.
- ✪ las ruinas de Santa Catalina.
- ✪ las ruinas de la Recolección.

Quieres ir a…
- ✪ la catedral.
- ✪ las ruinas de Santa Clara.
- ✪ la iglesia de la Merced.
- ✪ el ayuntamiento.

Las ruinas de la Recolección

5 En parejas
Busca un plano de la ciudad en la que estudias español y pregúntale a tu compañero/a cómo puedes ir a algún lugar de tu interés.

México

LINDO Y BONITO

1 **En parejas** En la revista *Viajeros* encontramos este artículo sobre Ciudad de México. Léelo y completa la ficha.

¿Qué visitar?

Centro histórico. La plaza de la Constitución –el Zócalo–, la Catedral Metropolitana, el Palacio Nacional y la basílica de Guadalupe. A unas cuadras está la plaza Garibaldi, donde se puede comer y escuchar música de mariachis.

Basílica de Guadalupe

Plaza de Garibaldi

¿Qué comer?

La gastronomía mexicana es rica en sabores. Hay restaurantes tradicionales para probar la comida típica y cotidiana. El maíz, los frijoles, el arroz y los chiles son los alimentos básicos y nunca pueden faltar en una mesa las tortillas, las quesadillas, los moles o los tacos.

Quesadillas

Recuerda:
Observar las imágenes ayuda a comprender el texto.

La **plaza de la Constitución**, informalmente conocida como *el Zócalo*, es la plaza principal de Ciudad de México. En ella se encuentra la Catedral Metropolitana de la Asunción de María de México (Patrimonio de la Humanidad desde 1987).

¿Cómo trasladarse?

Taxis. Los taxis autorizados tienen tarifas fijas. Se recomienda comprar el boleto en los puestos oficiales.

Metro. El boleto cuesta 5 pesos mexicanos.

Camiones. El boleto cuesta 5 pesos para una distancia de hasta 5 kilómetros y 6 pesos para más de 5 kilómetros.

Ciclotaxis. Para una o dos personas. Los ciclotaxis son muy cómodos y no demasiado caros: un viaje cuesta entre 20 y 30 pesos.

Bicibuses. Pueden ir hasta 11 personas y… ¡son gratuitos!

No te lo puedes perder

La Casa Azul, en el distrito de Coyoacán, a solo 11 km del centro de Ciudad de México, donde está el Museo Frida Kahlo, reconocida pintora mexicana.

Las pirámides de Teotihuacán, a 78 kilómetros al noreste de la capital mexicana. Son Patrimonio de la Humanidad.

Mundo Chocolate (MUCHO), un museo dedicado al chocolate. Un placer para los cinco sentidos. Hay talleres para dos adultos y dos niños por 180 pesos.

Teotihuacán

Casa Azul

¡Te encantará!

Ficha

Monumentos para visitar en el centro histórico: ....

Lugares de interés fuera del centro histórico: ....

Comidas típicas: ....

Medios de transporte y precio: ....

HOSTAL Babel

Antes del video

1 **En parejas** Mira las siguientes fotografías. ¿Conoces estos lugares? Relaciona las imágenes con los puntos señalados en el mapa. Puedes buscar información en internet.

(A) Londres

Cudillero
(B)

Barcelona
(C)

Cádiz
(D)

① ☐ ② ☐ ③ ☐ ④ ☐

1.1 **En grupos pequeños** ¿Cuál de estos lugares prefieres para pasar unos días? ¿Por qué?

Ejemplo: *Yo prefiero ir a Cádiz, porque tiene playa y puedes tomar el sol.*

1.2 **En grupos pequeños** Ya conoces a los cuatro huéspedes del hostal Babel. ¿A cuál de estos lugares crees que va a viajar cada uno? ¿Por qué?

Durante el video

2 Visiona el fragmento 00:30 ▸ 02:04 y marca las frases que se refieren a Tere o a Hugo.

👉 Fíjate:
¿Cómo llama Tere a la camioneta?
....

☐ .... Va a Cádiz. .... ☐
☐ .... Viaja a Barcelona. .... ☐
☐ .... Va con unas amigas. .... ☐
☐ .... Tiene una reservación para alojarse en un albergue. .... ☐
☐ .... Ya tiene los boletos de avión. .... ☐
☐ .... Va en camioneta. .... ☐
☐ .... Quiere dormir poco. .... ☐

2.1 Visiona el fragmento 02:04 ⊙ 02:26 y completa la información que falta.

1. Del aeropuerto de Barcelona al centro de la ciudad se puede ir en ...., en
.... y en ....
2. La línea de metro que conecta el aeropuerto y el centro de Barcelona es la línea ....
3. El bus que va al centro pasa cada .... minutos y cuesta .... euros.

> Fíjate:
> ¿Cómo llama Carla al dinero? ....

3 Ahora visiona el fragmento 02:36 ⊙ 04:52 y marca las frases que se refieren a Leo o a Carla.

Viaja a Londres.

Va a Cudillero.

Va en avión.

Viaja con un grupo de compañeros de la maestría.

Prefiere viajar con comodidades.

Quiere hacer una reservación en un hotel de lujo.

Los boletos cuestan 35 €.

4 En el último fragmento (04:52 ⊙ final) Bea cuenta qué va a hacer durante el puente.
¿A dónde va a ir? ¿Qué va a hacer? Explica si te parece un buen plan o no y por qué.

....

....

....

....

> Fíjate:
> ¿Cómo llama Carla a la camioneta?
> ....

Después del video

5 **Todo el grupo** Fíjate en el gesto que hace Carla para referirse al sur de España. ¿Cómo crees que se indican los demás puntos cardinales? ¿Qué gestos haces tú para indicar los cuatro puntos cardinales?

> Fíjate:
> Para localizar lugares usando los puntos cardinales, se usa *está en el/al norte/sur/este/oeste*:
>
> *Cudillero está en el norte de España.*
> *Cádiz está al sur de España.*

6 **Todo el grupo** ¿Dónde quieres viajar en tu próximo viaje? ¿En qué medio de transporte? ¿Dónde quieres alojarte? ¿Qué quieres hacer en ese lugar? Cuéntaselo a la clase.

Evaluación

1 Relaciona las palabras de las dos columnas.

1. todo	a. wifi	1. ....
2. habitación	b. al aeropuerto	2. ....
3. hotel	c. de viaje	3. ....
4. vuelo	d. por cable	4. ....
5. seguro	e. incluido	5. ....
6. pagar	f. individual/doble	6. ....
7. TV	g. de 4 estrellas	7. ....
8. conexión	h. de ida y vuelta	8. ....
9. traslado	i. con tarjeta	9. ....

2 ¿Qué expresan las preposiciones de las siguientes frases?

dirección	medio de transporte	distancia	tiempo	localización	destino

1. Prefiero viajar **en** bus porque es más barato. ....

2. El hotel está **a** 5 minutos. ....

3. Día 4: Visita **al** centro histórico de la ciudad. ....

4. La isla Saona está **en** el parque nacional de Cotubanamá. ....

5. El aeropuerto está **a** 20 kilómetros del hotel. ....

6. Yo quiero viajar **a** Buenos Aires porque es una ciudad muy interesante. ....

3 Une los elementos de las dos columnas para formar expresiones.

	un museo.	1. ....
	a la montaña.	2. ....
	una excursión.	3. ....
Ir	a un espectáculo.	4. ....
Visitar	un parque natural.	5. ....
Ver	monumentos.	6. ....
Hacer	a un mercado de artesanía.	7. ....
Tomar	animales.	8. ....
	a la playa.	9. ....
	submarinismo.	10. ....
	surf.	11. ....
	el sol.	12. ....

4 Combina los adjetivos con los siguientes nombres. Puede haber más de una posibilidad.

práctico	agradable	barato	lento	cómodo
pequeño	rápido	económico	lindo	seguro	caro	grande

• restaurante ....

• hotel ....

• medio de transporte ....

5 Escribe un comentario de un hotel en la web contando tu experiencia. Utiliza la información que te damos.

- Ubicación: a 5 minutos del centro.
- Categoría: ***
- Características: moderno, céntrico, económico.
- Alrededores: cafés, restaurantes, banco, supermercado.
- Servicios: TV, wifi, estacionamiento, café, aire acondicionado, recepción 12 horas.

info**Hotel**

El hotel está ....

Es ....

Cerca del hotel hay ....

El hotel tiene ....

En todas las habitaciones hay ....

Lo mejor: ....

Lo peor: ....

6 Mira el recorrido en el plano del centro histórico de Ciudad de México y completa el diálogo.

▶ Perdón, ¿cómo puedo ir a la plaza Garibaldi? ¿Está muy lejos?

▷ No, no, se puede ir caminando. Está a unos 20 minutos de acá, del Zócalo. Mire, [1] .... por la calle República de Brasil hasta la calle Tacuba. Es muy fácil: a la derecha está la catedral. Allá [2] .... y después [3] .... hasta la calle Lázaro Cárdenas. Allá [4] .... y [5] .... cinco cuadras. La plaza está a la derecha.

▶ Muchas gracias.

▷ Por nada.

7 Contesta a las siguientes preguntas sobre México.

1. ¿En qué ciudad está la basílica de Guadalupe? ....

2. ¿Qué podemos hacer en la plaza Garibaldi? ....

3. ¿Cuáles son los alimentos básicos de la comida mexicana? ....

4. ¿Cuánto cuesta viajar en bicibús? ....

5. ¿Qué otros lugares de interés hay cerca de Ciudad de México? ....

6. ¿A qué está dedicado el museo MUCHO? ....

8 Piensa en los contenidos de esta unidad y puntúa de 1 a 5 tu nivel de aprendizaje.

Ahora puedo...

dar y comprender información sobre medios de transporte. 1 2 3 4 5

dar y comprender información sobre la ubicación de lugares. 1 2 3 4 5

hablar de viajes y hoteles. 1 2 3 4 5

hablar de algunos lugares turísticos de México y Guatemala. 1 2 3 4 5

Unidad

4 En familia

¿Cuántos miembros tiene esta familia? ¿Y la tuya?

¿Qué ropa llevan?

¿Están alegres o tristes?

¿Cómo crees que es el abuelo de esta familia?

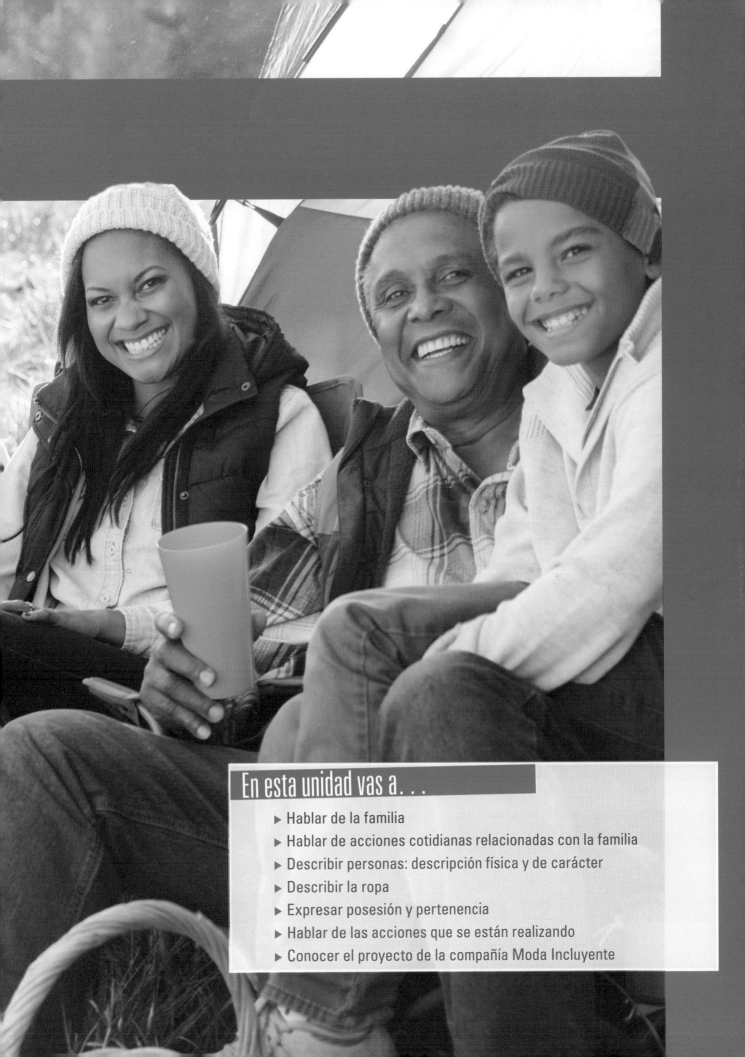

En esta unidad vas a. . .

▸ Hablar de la familia

▸ Hablar de acciones cotidianas relacionadas con la familia

▸ Describir personas: descripción física y de carácter

▸ Describir la ropa

▸ Expresar posesión y pertenencia

▸ Hablar de las acciones que se están realizando

▸ Conocer el proyecto de la compañía Moda Incluyente

¿Qué sabes?

1 **En parejas** ¿Conoces a estos famosos? Di su nombre y a qué se dedican. Todos ellos tienen un familiar que es también famoso. ¿Sabes quién es y qué hace? Con tu compañero/a, busca en internet esta información.

1.1 **Todo el grupo** ¿Hay alguna familia famosa en tu país, región o comunidad? ¿Sabes a qué se dedican sus miembros?

Unidad 4 | En familia

2 **En parejas** ¿Cómo crees que son estas personas? Habla con tu compañero/a. Puedes usar el diccionario si no conoces alguna palabra.

alegre | serio/a | sociable | divertido/a | abierto/a | clásico/a | trabajador/a | moderno/a

Ejemplo: *Yo creo que el hombre de la foto 1 es…*

2.1 **En grupos pequeños** Y tú, ¿cómo eres?

3 **En parejas** ¿Cómo crees que es el estilo de vestir de las personas anteriores? ¿Moderno, informal, elegante, *fashion*, clásico, deportivo, alegre…?

3.1 **Todo el grupo** Y tú, ¿cómo te vistes normalmente? ¿Con qué foto o fotos te identificas más?

Palabras

1 Lee la descripción de la familia de Esteban y completa las frases.

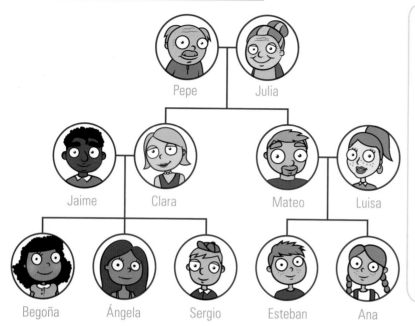

Pepe Julia

Jaime Clara Mateo Luisa

Begoña Ángela Sergio Esteban Ana

Esta es mi familia.

Mi papá se llama Mateo y mi mamá, Luisa. Tengo una hermana menor que se llama Ana.

Mi papá tiene una hermana mayor, mi tía Clara, que está casada con Jaime, mi tío. Jaime y Clara tienen tres hijos: dos hijas y un hijo; son mi prima Begoña, su hermana menor Ángela y su hermano menor Sergio.

Mis papás, mis tíos, mis primos, mi hermana y yo vamos muchas veces a comer a casa de mis abuelos, Julia y Pepe, que se ponen muy contentos cuando ven a sus cinco nietos.

Fíjate:
- papá + mamá › **papás**
- hermano + hermana › **hermanos**
- tío + tía › **tíos**
- abuelo + abuela › **abuelos**

1. La esposa de Jaime se llama ....
2. Los sobrinos de Mateo y Luisa se llaman ...., ... y ....
3. El esposo de Luisa se llama ....
4. Mateo está casado con ....
5. .... es la abuela de Esteban, Ana, Begoña, Ángela y Sergio.

1.1 **Todo el grupo** ¿Cómo es tu familia? Preséntasela a la clase.

2 **En parejas** Relaciona cada descripción con su fotografía correspondiente. Compara la descripción con la imagen y localiza el error que hay. Luego comprueba con tu compañero/a. ¿Coinciden?

1. ☐ Estos son mi hermana Claudia y su pareja Daniel. Claudia es alta y delgada. Tiene el pelo moreno y los ojos café. Daniel es castaño y tiene los ojos oscuros. Los dos son muy simpáticos.

2. ☐ Estos son mis abuelos. Mi abuelo tiene el pelo blanco y lleva barba y bigote. Mi abuela tiene el pelo corto y es delgada. Los dos son muy serios y activos. ¡Siempre están haciendo cosas!

3. ☐ Esta es mi prima Eva. Eva tiene el pelo rizado y rubio y tiene los ojos azules. Es muy inteligente. En la foto está seria porque es un poco tímida.

2.1 Clasifica las frases resaltadas según se refieran al aspecto físico o al carácter.

3 Mira estas ofertas de ropa que aparecen en una página de internet y escucha la conversación. ¿Qué ropa quiere comprar Luis? ¿Y Maite?

[17]

Mujer
Jeans
$15 $39.99   -40%

Mujer
Suéter rojo de lana
$45

Hombre
Abrigo negro
$145

Hombre
Camisa de manga larga
de diferentes colores
$35   ENVIO 48 h

Niño
Playera de diferentes
colores (blanca, azul,
roja, amarilla y rosada)
$12   ENVIO 48 h

Hombre
Bermudas
de diferentes colores
$29.99

Mujer
Falda corta de rayas
de algodón
$25   ENVIO 48 h

Mujer
Bolsas de cuero
desde $29.99

Mujer
Zapatos verdes de
tacón
$75

Niño
Tenis de diferentes
modelos y colores
desde $14.99

Hombre
Zapatos marrones
de piel
$120

Ver ofertas
exclusivas *online*

Estos son los nombres en español de los tejidos más comunes:

algodón

lana

piel/cuero

seda

LÉXICO

Latinoamérica
> tenis : *Los dos iban de blue jeans y **tenis**, parecían turistas.*
> chamarra : *Tiene la **chamarra** de cuero abierta, es el jefe de seguridad.*
> remera (Cono Sur) : *Para bailar uso el mismo jeans con una **remera** más llamativa.*
> jean(s), bluyín (bluyines) : *Malena cambió la minifalda por **bluyines**.*

España
> zapatillas deportivas/de deporte : *Observé que seguía calzado con las mismas **zapatillas deportivas**.*
> chaqueta : *¿El que lleva la **chaqueta** azul o el de la americana gris?*
> camiseta : *Sabemos que viste unos pantalones cortos y una **camiseta** azul.*
> (pantalones) vaqueros : *¿Me pongo **vaqueros**? ¡No tengo otra cosa! **Vaqueros** con camiseta, claro.*

3.1 **Todo el grupo** ¿Qué ropa llevas tú normalmente cuando vas a estos lugares?

| al trabajo | al gimnasio | a cenar a un restaurante | a la universidad/escuela | a una fiesta |

Ejemplo: *Cuando voy al trabajo llevo…*

Gramática

La forma **vos** se utiliza en distintas partes de Latinoamérica, pero su uso está extendido sobre todo en Argentina, Uruguay y Paraguay › vos **conversás** , **aprendés**, **escribís**:

> Dicen que una vez que **aprendés** a andar en bicicleta, nunca más se te olvida.

> Hablé con Mariano, me dio el nombre de un colega suyo. Si **querés**, **escribís** el número de teléfono y el nombre. Ya él conoce tu problema.

> ¿Y todo el tiempo sola, no ves a nadie, no **conversás** con nadie?

1 Presente de indicativo regular: verbos terminados en *-ar, -er, -ir*

- En español existen tres conjugaciones (*-ar, -er, -ir*) y tienen las siguientes terminaciones en presente de indicativo:

	Conversar	Aprender	Escribir
yo	converso	aprendo	escribo
tú	conversas	aprendes	escribes
él, ella, usted	conversa	aprende	escribe
nosotros/as	conversamos	aprendemos	escribimos
vosotros/as	conversáis	aprendéis	escribís
ellos, ellas, ustedes	conversan	aprenden	escriben

- El presente de indicativo se usa para expresar **acciones habituales** o **acciones** que se realizan en el tiempo **presente**:

> Los fines de semana mis hermanos y yo **paseamos** por la playa.
> Normalmente **trabajo** de 8 a 17 h.
> **Estudio** Económicas en la Universidad de las Américas.

1.1 Conjuga los siguientes verbos en la persona indicada.

1. llevar (ustedes) ....
2. cenar (tú).....................
3. cocinar (yo).....................
4. comprar (él).....................

5. leer (ella) ....
6. comer (ellos) ....
7. beber (nosotros) ....
8. correr (tú) ....

9. vivir (ustedes) ....
10. abrir (yo).....................
11. escribir (usted) ....
12. subir (nosotros) ....

2 Hablar de acciones que están en proceso

- Para hablar de acciones que **se están desarrollando** en este momento se usa la estructura *estar* + gerundio.
- Para formar el gerundio se sustituye la terminación del infinitivo por estas terminaciones:

— verbos en *-ar* › *-ando*
— verbos en *-er, -ir* › *-iendo*

estoy
estás
está
estamos
estáis
están

+ cocinando aprendiendo escribiendo

¡Hola! En este momento estoy cocinando.

Fíjate: Algunos gerundios irregulares comunes son:

- dormir › d**u**rmiendo
- leer › le**y**endo
- pedir › p**i**diendo
- vestir › v**i**stiendo
- ir › **y**endo
- morir › m**u**riendo
- decir › d**i**ciendo
- oír › o**y**endo

2.1 ¿Qué están haciendo estas personas?

Subir las escaleras. | Jugar a la pelota. | Beber agua.

3 Adjetivos y pronombres demostrativos

Los demostrativos sirven para indicar **la distancia** entre los interlocutores y el objeto o persona a los que se refieren. Pueden utilizarse como adjetivos (si acompañan al nombre) o como pronombres (si van solos):

	Masc. singular	Fem. singular	Masc. plural	Fem. plural
Acá	este	esta	estos	estas
Ahí	ese	esa	esos	esas
Allá	aquel	aquella	aquellos	aquellas

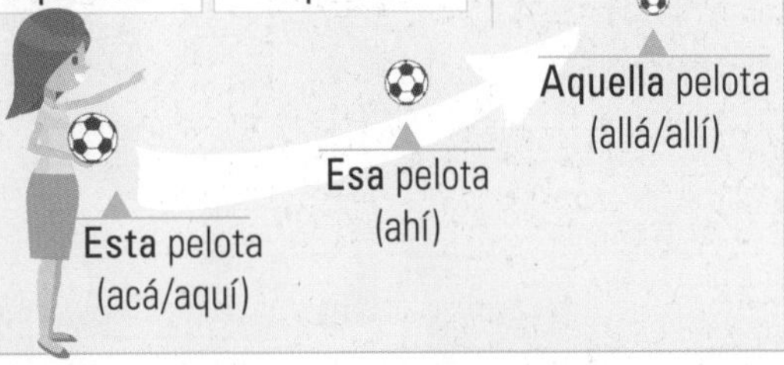

(+ nombre)

Aquella pelota
(allá/allí)

Esa pelota
(ahí)

Esta pelota
(acá/aquí)

☞ Es frecuente utilizar las manos para señalar el objeto del que estamos hablando, reforzando así la idea de cercanía o lejanía.

3.1 Completa con el demostrativo adecuado teniendo en cuenta la distancia que se indica.

1. ▶ ¿Te gustan .... pantalones? (ahí)
   ▷ No, prefiero comprar .... Son chéveres. (allá)
2. Quiero .... falda roja. (acá)
3. Necesito unos tenis. ¡..................... son perfectos! (acá)
4. ¡..................... bolsa de piel es muy linda! (allá)
5. ¿Cuánto cuesta .... abrigo rojo de ahí?

4 Adjetivos posesivos

● Los posesivos indican **de quién** es un objeto o la relación de **parentesco** entre las personas:

	Singular	Plural	
Un poseedor	mi	mis	(yo)
	tu	tus	(tú)
	su	sus	(él, ella, usted)
Varios poseedores	nuestro/a	nuestros/as	(nosotros/as)
	vuestro/a	vuestros/as	(vosotros/as)
	su	sus	(ellos, ellas, ustedes)

☞ Recuerda:

Las personas *vosotros/as* y los pronombres o adjetivos referidos a ellas como, por ejemplo, *vuestro/a*, solo se usan en la España peninsular. En el resto de zonas y países de habla hispana se usa *ustedes* y sus pronombres y adjetivos correspondientes.

● El posesivo concuerda en género y número con la persona o cosa poseída:

*Ella lleva **nuestros libros** en una bolsa.*
*Estos son **mis papás**.*

● El posesivo *su* puede referirse a uno o a varios poseedores:

*Voy a **su casa**. (Puede ser la casa de él, de ella, de ellos, de ellas, de usted o de ustedes)*

4.1 Completa el diálogo con el posesivo adecuado.

▶ Tus hermanas están casadas, ¿no?
▷ [1] .... hermana Eva no está casada, pero Luisa sí. [2] .... esposo es de Canadá y tienen dos hijos de 4 y 5 años. Son muy lindos.
▶ ¿Y en qué lengua hablan con [3] .... hijos?
▷ En inglés y en español.
▶ ¡Qué suerte tienen [4] .... sobrinos! Yo tengo 35 años y hablo un inglés poco fluido...

Practica en contexto

Describir el físico

- **Es** alto/a ≠ bajo/a, gordo/a ≠ delgado/a, lindo/a ≠ feo/a…
- **Tiene** los ojos verdes, negros, café, claros ≠ oscuros…
- **Tiene** el pelo rubio, moreno, blanco, castaño, negro, largo, corto, liso, rizado…
- **Tiene/lleva** barba, bigote…

Describir la ropa y los complementos

- **Llevar** + prenda de ropa o complemento
  Lleva unos jeans y una playera roja.
  ¿Llevas lentes?
- Estos son algunos **colores** que puedes usar:
  - negro/a
  - blanco/a
  - rojo/a
  - gris
  - azul
  - verde
  - rosado/a
  - marrón
  - amarillo/a

1 **En parejas** ¿Quién es quién en esta reunión familiar? Lee las descripciones y escribe el nombre de cada miembro de la familia.

 **LUCAS**

 ANA

 **JOSÉ LUIS Y ROSALÍA**

 **M.ª LUISA**

LUCAS
Es el hermano mayor de Patricia. Está conversando con su prima Eva, la hija del tío Juan, una muchacha morena, alta y bien linda que lleva una falda azul de algodón y una camisa blanca.

ANA
Es la hermana menor de Patricia. Lleva una falda roja y una playera blanca. A la izquierda está el tío Juan, el hermano mayor de su papá, que está bebiendo agua al lado del ventilador porque tiene mucho calor.

JOSÉ LUIS Y ROSALÍA
Son los papás de Patricia. Están comiendo unos canapés cerca del mueble. Su papá es alto, moreno y tiene bigote, y su mamá es morena y un poco bajita. José Luis lleva un saco gris y Rosalía un vestido negro. Cerca de ellos están los abuelos de Patricia, Antonio y Pepa, que también están comiendo unos canapés. Su abuelo tiene el pelo blanco y lleva bigote. Su abuela tiene también el pelo blanco y lleva lentes.

M.ª LUISA
Es su tía, la esposa de su tío Juan. Es una mujer muy elegante que lleva un vestido verde. Está jugando con su nieto, Alfonso, que tiene 3 años. Detrás está Javi, el esposo de Eva. Es alto, rubio y lleva unos *jeans* y una playera amarilla. Está conversando con Patricia sobre su hijo.

(LÉXICO)
Latinoamérica ❯ los lentes :
*Connie y Mónica llevan **lentes** negros y pantalones ajustados.*
España ❯ las gafas :
*No puedo salir sin ponerme perfume. Con **las gafas** de sol me pasa igual.*

1.1 En parejas Ahora completa el árbol genealógico de Patricia.

Patricia

2 🔊 [18] Escucha las conversaciones y relaciona las descripciones con las fotos.

Ⓐ ☐

Ⓑ ☐

Ⓒ ☐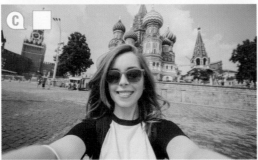

Ⓓ ☐

2.1 🔊 [18] Vuelve a escuchar el audio y marca en el cuadro los adjetivos de carácter con los que se describe a estas personas. Luego compara con tu compañero/a.

	Ernesto es…	Juan es…	Julia es…	Claudia es…
simpático/a				
sociable				
divertido/a				
trabajador/a				
tímido/a				
alegre				
inteligente				

> **Describir el carácter**
>
> Para describir el carácter de las personas utilizamos el verbo **ser** y un adjetivo de carácter:
> - Es…
>   - alegre ≠ serio/a
>   - simpático/a ≠ antipático/a
>   - sociable ≠ tímido/a
>   - trabajador/a ≠ flojo/a
>   - inteligente ≠ torpe…
>
> *Marta **es** un poco tímida pero muy trabajadora.*

2.2 **Todo el grupo** Busca una foto de algún familiar o amigo/a y después cuenta a la clase cómo se llama esa persona, cómo es físicamente, cómo es su carácter y qué está haciendo en la foto.

Esta es una foto de mi/mis…

> - Cuando describimos una característica negativa del físico o del carácter, lo podemos suavizar añadiendo **un poco** o con las terminaciones **-ito/a/os/as**:
>   *Mi hermana es **un poco** seria.*
>   *Mi papá es **feíto** pero muy simpático.*
> - El adjetivo **gordo/a** tiene un sentido muy negativo en la actualidad, por eso se usan otras expresiones como **tener sobrepeso, tener algunos kilos de más**…:
>   *Ese muchacho **tiene sobrepeso**. Debe hacer deporte.*

3 **En parejas** Vas a leer un texto de la fundación Humana, una ONG española. Antes de leerlo, relaciona las palabras con las imágenes y construye una frase para explicar a qué crees que se dedica esta fundación. Luego compara con tu compañero/a.

> **1.** Comprar ropa de segunda mano. | **2.** Hacer un donativo. | **3.** Donar ropa y zapatos.
> **4.** Protección del medioambiente. | **5.** Cooperación al desarrollo.

A

B

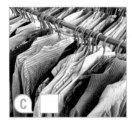
C

D

E

3.1 Lee la información de la página web de Humana y comprueba tu respuesta anterior.

Fíjate:
Según las normas del español el género masculino incluye al género femenino, pero el símbolo de la arroba (@) se usa mucho hoy en día para promover el lenguaje inclusivo en los escritos no académicos: este símbolo, por su forma, representa a la *o* (marca del masculino) y a la *a* (marca del femenino).

www.humana-spain.org

HUMANA

¿Quiénes somos?
Humana es una fundación que, desde 1987, promueve la protección del medioambiente y la cooperación al desarrollo gracias a la reutilización de la ropa.

¿Qué hacemos?
Proteger el medioambiente y desarrollar proyectos de cooperación en diferentes países de África, Latinoamérica y Asia. También queremos fomentar la educación y la sensibilización sobre estos temas en los países desarrollados.

¿Qué puedes hacer tú?
Puedes donar la ropa y los zapatos que no utilizas en nuestros 5000 contenedores o en una de nuestras 44 tiendas de Barcelona, Madrid, Sevilla y Granada.

En las tiendas Humana puedes comprar ropa de segunda mano original, de calidad y muy barata, que no hay en otras tiendas. Es una moda sostenible y solidaria. Con el dinero obtenido, se desarrollan diferentes proyectos de cooperación que puedes conocer en nuestras tiendas.

También puedes **colaborar con nosotros como soci@, hacer un donativo** o **participar activamente en nuestros proyectos.**

3.2 **En grupos pequeños** Piensa en la ropa que no te pones y que puedes donar a Humana. Descríbela. Después haz una lista y ponla en común con tus compañeros/as. ¿Cuánta ropa hay? ¿Para quién puede ser útil?

3.3 **Todo el grupo** ¿Participas en alguna asociación o proyecto de este tipo? ¿Cómo? Explica a tus compañeros/as el proyecto y los objetivos que tiene.

4 🔊 Escucha esta conversación entre Ana y Mónica, dos amigas que conversan de la familia, y responde a las preguntas sobre Ana.

[19]

Expresar frecuencia

+
- siempre
- normalmente
- a menudo
- con frecuencia
- a veces
−
- (casi) nunca

Fíjate:
Cuando una pregunta comienza con una preposición, se usa la misma preposición para responder:

▶ *¿Con quién celebras tu cumpleaños?*
▷ **Con** *mi familia y mis amigos.*

1. ¿A quién ve con más frecuencia? ...A....................................
2. ¿Con quién toma café y habla? ...Con......................................
3. ¿Con quién almuerza frecuentemente?...................................
4. ¿Con quién cena en restaurantes?..
5. ¿Con quién celebra la Navidad?..
6. ¿Con quién va al parque? ....
7. ¿A quién lee cuentos?..
8. ¿Con quién pasea por el parque los domingos? ....

4.1 **En parejas** Haz el siguiente test a tu compañero/a y toma notas.

1. ¿A qué miembro/s de la familia ves con más frecuencia? ¿Por qué?
2. ¿Qué haces con tu familia normalmente?
3. ¿Visitas con frecuencia a tus tíos, primos o abuelos? ¿Cuándo? ¿Qué haces normalmente con ellos?
4. ¿Con quién celebras los cumpleaños? ¿Qué haces para celebrarlos?
5. ¿Con qué miembros de tu familia tienes buena relación? ¿Y con quién tienes mala relación?

Hablar de relaciones personales
- Tener (muy) buena/mala relación con…
- Tener mucha/(muy) poca relación con…

Tengo muy buena relación con mi hermana, pero tengo poca relación con mis tíos porque viven muy lejos.

4.2 **Todo el grupo** ¿Crees que tu compañero/a es una persona familiar? ¿Por qué? Justifica tu respuesta.

4.3 **Todo el grupo** ¿Las familias en tu país son muy extensas? ¿Se ven con frecuencia? ¿En qué ocasiones?

MODA INCLUYENTE
es tendencia

1 **En grupos pequeños** Fíjate en estos/as modelos.
¿Qué ropa llevan? Descríbela.

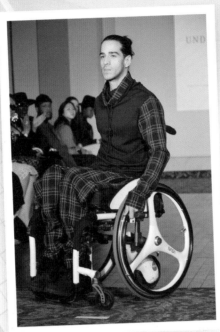

Winnie Harlow

Madeline Stuart

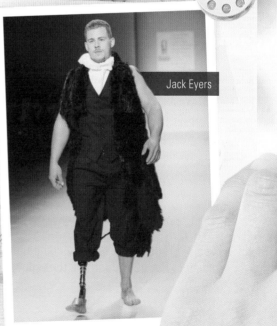

Jack Eyers

2 **Todo el grupo** Vas a leer la página web de una compañía que se llama Moda Incluyente. ¿A qué crees que se dedica?

2.1 Lee el texto y comprueba tu respuesta anterior. Usa el diccionario si lo necesitas.

http://modaincluyente.com/

Originaria de Hermosillo (Sonora, México), Annett Castro es diseñadora de moda y fundadora de Moda Incluyente, una agencia mexicana de modelos con discapacidad que organiza desfiles de moda, cursos y talleres, además de desarrollar proyectos que promueven la inclusión en la industria de la moda.

En 2019 la revista *Quién* del grupo Expansión la reconoció como una de las 50 personas que transforman México.

Su objetivo es lograr una compañía socialmente responsable que une la moda con la discapacidad para conseguir la visibilidad y la normalización de estas personas dentro de la sociedad actual.

Adaptado de http://modaincluyente.com/

3 **Todo el grupo** ¿Qué campañas de inclusión hay en tu comunidad? ¿Participas en ellas? ¿Qué otros colectivos crees que hay que visibilizar?

HOSTAL Babel

Antes del video

1 Es Navidad en Babel. Fíjate en la fotografía. ¿Qué están haciendo Carla y Leo?

1.1 ¿Adornas tu casa en Navidad? ¿Cómo?

2 **En parejas** Ahora mira las siguientes fotografías y decide quién dice cada una de estas frases.

BEA

HUGO

CARLA

LEO

1 Yo estoy muy lejos de mi familia.

2 Es una fiesta muy especial.

3 Es mi primera Navidad lejos de mi país y de mi casa.

4 ¡Me encanta la Navidad!

Durante el video

2.1 Comprueba tus respuestas de la actividad 2 visionando el primer fragmento (00:30 ▸ 01:00).

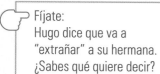
Fíjate:
Hugo dice que va a "extrañar" a su hermana. ¿Sabes qué quiere decir?

3 Visiona el fragmento 01:00 ▸ 01:52 y responde a las siguientes preguntas.

1. ¿Cuántos hermanos tiene Hugo?
2. ¿Quién es el hermano mayor?
3. ¿Cómo se llaman sus hermanos?
4. ¿Cuántos años tiene su hermana?
5. ¿Cómo es físicamente la hermana de Hugo?
6. ¿Y cómo es su carácter?

4 Ahora visiona el fragmento 01:53 ▸ 04:22 para saber algo más de la gran familia de Hugo. Luego completa.

1. Rosario es su .... *mamá* ....
2. Margarita es su ....
3. Luis es su ....
4. Gabriela es su ....
5. Eusebio es su ....
6. Alberto es su ....
7. Claudio es su ....
8. Laura es su ....

4.1 Hugo siempre se reúne con su familia en Navidad. Vuelve a visionar el fragmento 01:53 ◉ 04:22 y marca la información correspondiente a cada familiar.

	Su mamá	Su tía	Su papá	Su hermano	Su primo	Su prima
Lleva una playera de cuadros.	☐	☐	☐	☐	☐	☐
Es gordita.	☐	☐	☐	☐	☐	☐
Tiene el pelo largo y rubio.	☐	☐	☐	☐	☐	☐
Es un poco serio.	☐	☐	☐	☐	☐	☐
Lleva corbata.	☐	☐	☐	☐	☐	☐
Es muy tímido.	☐	☐	☐	☐	☐	☐
Tiene el pelo corto.	☐	☐	☐	☐	☐	☐
Tiene bigote.	☐	☐	☐	☐	☐	☐
Tiene el pelo largo y negro.	☐	☐	☐	☐	☐	☐
Es simpática.	☐	☐	☐	☐	☐	☐
Lleva una camisa azul.	☐	☐	☐	☐	☐	☐
Tiene 46 años.	☐	☐	☐	☐	☐	☐

5 Carla está un poco triste porque está lejos de su familia. Visiona la última parte del video (04:22 ◉ final) y escribe qué planes proponen y quién para animar a Carla.

1. .... juntos en el hostal.
2. .... platos típicos de México y Argentina.
3. .... de fiesta.
4. .... de compras.

> Fíjate:
> ¿Cómo llama Hugo a los platos típicos de México? ....

Después del video

6 **En grupos pequeños** Después de ver este episodio, ya conoces un poco mejor a los habitantes del hostal Babel. ¿Puedes describir cómo son? ¿Qué llevan hoy? Si es necesario, puedes volver a ver el video. Luego compara tu descripción con la de tus compañeros/as.

7 **Todo el grupo** ¿Tú también celebras la Navidad? ¿Con qué familiares la celebras normalmente? ¿Dónde la celebras? ¿Qué ropa te pones?

Evaluación

1 Completa las frases.

    1. La mamá de tu papá es tu ....

    2. El hermano de tu mamá es tu ....

    3. Los hijos de tus abuelos son tus .... o tus ....

    4. Los hijos de tus tíos son tus ....

    5. La esposa de tu tío es tu ....

2 Relaciona las palabras con los verbos.

| el pelo rubio | alegre | feo/a | bigote | lentes | el pelo castaño | serio/a |
| los ojos verdes | barba | antipático/a | los ojos oscuros |

  • Es ....

  • Tiene ....

  • Lleva ....

3 Describe a las personas de las fotografías.

4 Completa las frases con el posesivo adecuado.

| nuestra | mi | mis | tus | nuestros | sus (2) |

    1. ▶ ¿Estos son .... lentes?
       ▷ Sí, sí, son .... lentes. ¡Gracias!

    2. ▶ ¿Sabes que las hermanas de Shakira son modelos?
       ▷ No, no, las modelos son .... primas.

    3. ▶ Oye, Carmen, ¿quién es tu hermano?
       ▷ ¿........................ hermano? El que está platicando por el celular.

    4. ▶ Juan, Ana, ¿son esos .... papás?
       ▷ Sí, esos son .... papás. Ven, que te los presentamos.

    5. Nosotros no tenemos primos, ... tía no tiene hijos.

5 ¿Qué estás haciendo en este momento?

....

....

6 Elige el demostrativo adecuado.

1. ▶ ¿Quiénes son tus tíos?

▷ **Estos/Aquellos**. En esta foto están muy guapos, ¿no?

▶ ¿Y **esa/esta** niña de acá?

▷ Es mi prima Carolina. Es un poco tímida, pero es muy simpática.

2. ▶ ¿De quién es **esta/aquella** camisa de allá?

▷ Es de Luis.

3. ▶ ¿Qué podemos regalarle a Marta? **Aquel/Este** suéter de acá es muy alegre, ¿no?

▷ Mmm… La verdad es que yo prefiero algo más clásico. ¿Y si le compramos **esa/esta** falda azul de ahí?

4. ▶ **Aquella/Esa** muchacha de allá lleva unos pantalones muy lindos, ¿la ves?

▷ Sí, es verdad. **Estos/Esos** que llevo yo también son muy lindos y muy cómodos.

7 Completa el texto con los verbos en presente de indicativo.

Mi familia [1] .... (ser) muy especial. [2] .... (Ser, nosotros) tres
hermanos y todos [3] .... (estar) muy unidos. Mis papás [4] .... (tener)
una casa muy grande en el campo y normalmente [5] .... (ir, nosotros) allá
porque hay mucho espacio. Mis hermanos ya no [6] .... (vivir) en casa, pero yo sí
porque [7] .... (tener) 15 años y todavía [8] .... (estar) estudiando.
A veces [9] .... (comer) todos juntos y [10] .... (conversar)
de las historias de la familia o [11] .... (pasear) por el campo. Mi mamá
[12] .... (cocinar) padrísimo y [13] .... (preparar) los mejores
asados del mundo. [14] .... (Trabajar) en una editorial. Mi papá, ahora que ya
no [15] .... (trabajar), [16] .... (pintar) y [17] .... (pasar)
mucho tiempo con sus nietos: los [18] .... (llevar) al parque, [19] .... (leer)
cuentos con ellos… ¡[20] .... (Ser, nosotros) una familia muy unida!

8 Describe la ropa que llevan estos modelos.

9 Responde a las siguientes preguntas.

Después de terminar esta unidad, puedo…	Sí	Un poco	No mucho
1. Hablar sobre mi familia y sus miembros.	☐	☐	☐
2. Describir la ropa que llevo.	☐	☐	☐
3. Hablar sobre el carácter.	☐	☐	☐
4. Decir qué estoy haciendo.	☐	☐	☐
5. Describir la relación que tengo con otra persona.	☐	☐	☐
6. Hablar de moda inclusiva.	☐	☐	☐

¿A qué hora te levantas? ¿Temprano o tarde?

¿Dónde desayunas normalmente?

¿Cuál es tu día favorito de la semana? ¿Y tu mes?

Igual que todos los días

Cerrado

En esta unidad vas a. . .

- ▶ Decir la hora
- ▶ Hablar de acciones habituales
- ▶ Hablar de horarios, fechas y partes del día
- ▶ Situar las acciones en el tiempo
- ▶ Expresar frecuencia y el número de veces que se hace algo
- ▶ 12 de octubre, ¿algo que celebrar?

¿Qué sabes?

① ☐   ② ☐

1 ¿Sabes decir la hora en español? Fíjate en las imágenes y relaciónalas con las frases.

¿Qué hora es?

a. Son las nueve en punto.

b. Son las dos **y** media.

c. Son las cuatro **y** cuarto.

d. Son las seis **y** dos.

e. Es la una **menos** cuarto.

f. Son cinco **para** las doce.

1.1 **En parejas** Completa el esquema de las horas con ayuda de la actividad anterior.

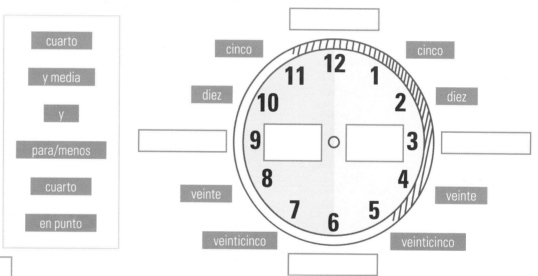

| cuarto |
| y media |
| y |
| para/menos |
| cuarto |
| en punto |

cinco   cinco
diez   diez
veinte   veinte
veinticinco   veinticinco

👉 ~~Son~~ **Es la una** y veinte.

COMUNICACIÓN

Latinoamérica ‣ ¿Qué horas son?/¿Qué hora es? : —*¿Qué horas son, compañero?* —*Van a dar las cinco.*

España ‣ ¿Qué hora es? : *Pero ¿qué hora es? ¡Las siete ya?*

México, Ecuador, Chile, Venezuela y Perú ‣ *Son (un)/Falta un cuarto para* + hora : *Sí, son cuarto para las doce de la noche.*

Latinoamérica y España ‣ *Son las* + hora + *menos cuarto* : *Son las once menos cuarto.*

1.2 **En parejas** ¿Qué hora es en estos lugares? Búscala en internet y comparte la información con tu compañero/a.

Estudiante Ⓐ

¿Qué hora es en...?
- Sídney
- Taipéi
- Moscú
- Montevideo
- Vancouver
- Ciudad del Cabo

Estudiante Ⓑ

¿Qué hora es en...?
- Tokio
- Manila
- El Cairo
- Chicago
- Ciudad de México
- Honolulu

③ ☐   ④ ☐   ⑤ ☐   ⑥ ☐

👉 • Para **decir la parte del día** en la que situamos una acción se usa *en la mañana/tarde/noche* y *a mediodía*:
Voy a clase en la mañana.

• Para **concretar la hora** se usa: hora + *de la mañana/tarde/noche*:
En Madrid son las cinco y media de la tarde y en Los Ángeles son las ocho y media de la mañana.

• En contextos en los que es necesario precisar la hora exacta, se usa el formato 24 horas:
El tren sale a las 17:30 (h). ("El tren sale a las **diecisiete treinta (horas)**").

LÉXICO

Latinoamérica ❯ **En** la mañana/tarde/noche : *Lunes en la mañana. Leonidas Harpago se mira en el espejo de la puerta del baño.*

Argentina ❯ **A** la mañana/tarde/noche : *No es fácil levantarse a la mañana a buscar trabajo.*

España ❯ **Por** la mañana/tarde/noche : *Por las noches hablamos para intentar comprender un poco mejor el país de Gales…*

2 **En parejas** ¿Cuándo realizas estas actividades? Clasifícalas según el momento del día y compáralas con tu compañero/a.

Dormir. | Tomar un sándwich. | Hacer deporte. | Escuchar música. | Estudiar. | Lavarte los dientes. | Tomar café. | Leer un libro. | Hacer las compras. | Salir con amigos/as.

En la mañana	A mediodía	En la tarde	En la noche

👉 Aunque el **mediodía** marca una hora concreta del día (las 12:00), en la mayoría de países de Latinoamérica y en España es un periodo de tiempo que incluye la hora del almuerzo (entre las 12:00 y las 14:00 h).

2.1 **En parejas** ¿Qué otras actividades realizas tú en las diferentes partes del día? Amplía la tabla de la actividad anterior.

Palabras

1 Lee los comentarios de estas personas sobre sus rutinas y escribe los días de la semana.

Ver la tele

Antonio: "Los miércoles y los jueves no salgo, siempre preparo la cena en casa y veo la tele con mi pareja".

Bañarse

César: "Los lunes me baño en la noche, porque los martes en la mañana salgo de casa muy temprano".

Acostarse

Esther: "Siempre pongo la alarma en el celular cuando me acuesto".

Trabajar

Natalia: "Trabajo en una oficina de lunes a viernes, de 8 de la mañana a 5 de la tarde".

Levantarse

Raquel: "Los sábados y los domingos me levanto más tarde porque no tengo que trabajar".

Desayunar

Arturo: "El fin de semana suelo desayunar en casa tranquilamente: fruta, leche y pan integral".

L…… …… ……   V…… …… ……
M…… …… ……   S…… …… …… ⎤ Fin de
M…… …… …… ……   D…… …… …… ⎦ semana
J…… …… ……

ENERO

L	M	X	J	V	S	D
	1	2	3	4	5	6
7	8	9	10	11	12	13
14	15	16	17	18	19	20
21	22	23	24	25	26	27
28	29	30	31			

> **Fíjate:**
> - Estas son las abreviaturas más comunes de los días de la semana: L/M/X/J/V/S/D. El miércoles se representa con una **X** para evitar la confusión con la **M** del martes.
> - La estructura *soler* + infinitivo sirve también para expresar acciones habituales: *Los sábados y los domingos **suelo** levantarme más tarde.*

1.1 **En parejas** Hazle esta encuesta a tu compañero/a. ¿Tienen ustedes las mismas rutinas?

1. ¿A qué hora te levantas?   Me levanto a las ....
2. ¿Cuándo te bañas?   ☐ En la mañana.   ☐ En la tarde.   ☐ En la noche.
3. ¿A qué hora te acuestas?   Me acuesto a las ....
4. ¿Qué horario de trabajo/estudio tienes?   De .... a ....
5. ¿Dónde desayunas normalmente? ☐ En mi casa.   ☐ En el trabajo.   ☐ En un café.   ☐ Otros: ....
6. ¿Cuándo ves la tele?   ☐ En la mañana.   ☐ En la tarde.   ☐ En la noche.   ☐ Nunca.
7. ¿Quién prepara la cena en tu casa?   ☐ La preparo yo.   ☐ La prepara ....
8. ¿Con quién sales los fines de semana? ☐ Con mis amigos.   ☐ Con mi familia.   ☐ No salgo los fines de semana.

2 🔊 Escucha lo que dicen estas personas sobre lo que hacen a diario y escribe las acciones debajo de la foto correspondiente.

[20]

 A

 B

 C

 D

 E

 F

 G

 H

 I

2.1 🔊 Vuelve a escuchar el audio y numera las imágenes según el orden en que realizan las acciones Sebastián, Julia y Andrea.

[20]

2.2 En parejas ¿Qué otras acciones cotidianas conoces asociadas a estos verbos? Haz una lista con tu compañero/a.

👉 Asociar palabras a un verbo te ayuda a recordar sus posibles combinaciones y a fijar otras nuevas.

Leer · _un libro_

Hacer ·

Tomar ·

Lavarse ·

Jugar ·

Salir ·

Gramática

1 Presente de indicativo: verbos irregulares

A. Verbos con irregularidad vocálica

	e › ie Cerrar	Otros verbos	o › ue Dormir	Otros verbos
yo	cierro	empezar	duermo	almorzar
tú	cierras	comenzar	duermes	poder
él, ella, usted	cierra	merendar	duerme	volver
nosotros/as	cerramos	querer	dormimos	contar
vosotros/as	cerráis	tender	dormís	costar
ellos, ellas, ustedes	cierran	despertarse	duermen	acostarse

	e › i Pedir	Otros verbos	u › ue Jugar	
yo	pido	reírse	juego	
tú	pides	repetir	juegas	
él, ella, usted	pide	vestirse	juega	
nosotros/as	pedimos	medir	jugamos	
vosotros/as	pedís	elegir	jugáis	
ellos, ellas, ustedes	piden	corregir	juegan	

Fíjate:
Algunos verbos tienen un cambio ortográfico para conservar el sonido original del infinitivo. Este cambio no se considera una irregularidad:
corregir › corrijo; convencer › convenzo; seguir › sigo…

Fíjate:
Jugar es el único verbo con la irregularidad *u › ue*.

GRAMÁTICA
Recuerda que la forma vos se usa principalmente en Argentina, Uruguay y Paraguay.
El presente de la forma *vos* es regular: *vos* pensás , tenés , dormís , jugás , pedís , decís …:
Vos pensás así porque no *tenés* hijos…
Eso que vos decís es lo mismo que *decís* que decía Perón…

- Los verbos *tener* y *venir* tienen doble irregularidad:
  tengo, **tie**nes, **tie**ne, tenemos, tenéis, **tie**nen
  vengo, **vie**nes, **vie**ne, venimos, venís, **vie**nen
- Recuerda que los verbos *ser*, *estar* e *ir* tienen una irregularidad propia:
  soy, eres, es…; **estoy, estás, está**…; **voy, vas, va**…

B. Verbos que tienen la primera persona (yo) irregular

Hacer	Otros verbos	
hago	saber › **sé**	
haces	salir › **salgo**	
hace	poner › **pongo**	
hacemos	dar › **doy**	
hacéis	ver › **veo**	
hacen	conocer › **conozco**	

1.1 Completa el cuadro según el modelo.

FORMA	PERSONA	INFINITIVO	IRREGULARIDAD
cuenta	*él, ella, usted*	*contar*	*o › ue*
salgo			
duermen			
empiezas			
pongo			
juegas			
piden			

2 Verbos reflexivos

- Los verbos reflexivos se forman añadiendo los siguientes pronombres:

	Bañarse
yo	**me** baño
tú	**te** bañas
él, ella, usted	**se** baña
nosotros/as	**nos** bañamos
vosotros/as	**os** bañáis
ellos, ellas, ustedes	**se** bañan

Levantarse, lavarse, despertarse, acostarse, vestirse, apellidarse, llamarse… también son reflexivos:

Yo me baño dos veces al día, una en la mañana y otra en la noche.

2.1 Completa las formas que faltan de cada verbo.

e › ie Despertarse	
me	despierto
......	....
......	....
os	despertáis

e › i Vestirse	
......	....
se	viste
......	....
os	vestís

o › ue Acostarse	
te	acuestas
......	......
......	......
os acostáis	

1.ª persona irregular Caerse	
......	....
......	....
os	caéis
se	caen

3 Relaciona los siguientes infinitivos con el nombre adecuado.

1. Tender   a. un cuento.
2. Poner   b. el lavarropas.
3. Pedir   c. de casa.
4. Leer   d. la cama.
5. Dar   e. un paseo.
6. Salir   f. una *pizza*.

3.1 [21] Escucha lo que dicen estas personas sobre su día a día para comprobar tu respuesta anterior.

3.2 [21] Vuelve a escuchar y relaciona a las personas con las imágenes según las acciones que realizan.

Persona ....

Persona ....

Persona ....

Persona ....

Persona ....

Persona ....

4 Lee el texto y completa con las formas adecuadas de los verbos.

¡Hola! [1] .... (Llamarse) Javier. [2] .... (Tener) 39 años y [3] .... (vivir) en Cali. En la mañana [4] .... (levantarse), [5] .... (desayunar) y [6] .... (bañarse). A las siete y media [7] .... (salir) de casa porque [8] .... (empezar) a trabajar a las ocho. [9] .... (Trabajar) hasta las cuatro. A la una del mediodía [10] .... (hacer) un descanso y [11] .... (tomar) un sándwich y una fruta. En la tarde, [12] .... (regresar) a casa. A veces, cuando [13] .... (llegar) cansado, [14] .... (dormir) un rato o [15] .... (escuchar) música. Si no [16] .... (estar) cansado, [17] .... (dar) un paseo, [18] .... (ir) al gimnasio, [19] .... (hacer) las compras… En la noche, [20] .... (preparar) la cena y después [21] .... (leer) un poco o [22] .... (ver) la tele. Normalmente [23] .... (acostarse) a las once de la noche, porque al día siguiente [24] .... (despertarse) muy pronto.

Practica en contexto

1 Lee la información de esta web de viajes sobre los horarios y los días feriados en Argentina y di si las afirmaciones son verdaderas o falsas.

● ● ●

HORARIOS Y DÍAS FERIADOS EN ARGENTINA

HORARIO COMERCIAL

El horario de las tiendas es normalmente de 9:00 a 20:00, aunque a veces cierran para hacer una pausa a mediodía. Los sábados el horario es de 9:00 a 13:00. Los centros comerciales abren todos los días de la semana (incluidos los domingos) de 10:00 a 22:00.

RESTAURANTES

Normalmente se puede almorzar desde las 12:00 y se puede cenar desde las 20:30. Es posible tomar algo rápido en un café, una pizzería, locales de comida rápida o en un puesto callejero, pues casi siempre están abiertos.

OFICINAS PÚBLICAS Y BANCOS

El horario habitual de las oficinas estatales es de 09:00 a 12:00 y de 14:00 a 19:00. Los bancos atienden al público de lunes a viernes, entre las 10:00 y las 15:00.

PRINCIPALES FIESTAS ARGENTINAS

1 de enero	Año Nuevo
24 de marzo	Día Nacional de la Memoria por la Verdad y la Justicia
2 de abril	Día del Veterano y de los Caídos en la Guerra de las Malvinas
(fecha variable)	Viernes Santo
1 de mayo	Día del Trabajo
25 de mayo	Día de la Revolución de Mayo
20 de junio	Día de la Bandera
9 de julio	Día de la Independencia
12 de octubre	Día de la Diversidad Cultural Americana
8 de diciembre	Día de la Inmaculada Concepción de María
25 de diciembre	Navidad

Los meses del año

- enero
- febrero
- marzo
- abril
- mayo
- junio
- julio
- agosto
- septiembre
- octubre
- noviembre
- diciembre

☞ Para hablar de fechas se usa *el* + día + *de* + mes:
El Día de la Independencia en Argentina es el 9 de julio.

1. Todas las tiendas cierran a la hora de almorzar. .... V F
2. Los centros comerciales abren todos los días. .... V F
3. Se puede cenar en los restaurantes argentinos desde las ocho y media de la tarde. .... V F
4. Las oficinas públicas abren en la mañana y en la tarde. .... V F
5. El horario de atención al público en los bancos es hasta las cuatro de la tarde. .... V F
6. El 20 de junio se celebra el Día de la Independencia. .... V F

ORTOGRAFÍA

- Se escriben con mayúscula inicial los nombres y adjetivos de festividades religiosas o civiles, como por ejemplo *Navidad, Año Nuevo, Día de la Diversidad Cultural Americana...*: *Cierra los ojos, ábrelos, y ya es mañana, la **Navidad**.*
- Los días de la semana y los meses del año se escriben con minúscula: *El jueves 27 de **agosto** es el cumpleaños de Marina. ¡No lo olvides!*
- Cuando el nombre de una festividad contiene un día o un mes, este se escribe con mayúscula: *Las fechas de **Jueves Santo** y **Viernes Santo** son variables porque dependen del calendario lunar. El 25 de mayo se celebra el **Día de la Revolución de Mayo**.*

1.1 **Todo el grupo** Compara estos horarios con los de tu comunidad. ¿En qué se parecen y en qué se diferencian? Cuéntaselo a tus compañeros/as.

1.2 **Todo el grupo** ¿Cuáles son las fiestas principales de tu país, región o comunidad? ¿Cuándo se celebran? Elabora un calendario con las fiestas más importantes de los próximos meses y compártelo con tus compañeros/as.

2 Acá tienes los horarios de dos museos: el Museo del Prado (Madrid, España) y el Museo del Oro (Bogotá, Colombia). Intercambia información con tu compañero/a.

Museo del Prado

Estudiante **A**

HORARIO

Abierto
De lunes a sábado: 10:00-20:00 h
Domingos y feriados: 10:00-19:00 h

Horario reducido
6 de enero, 24 y 31 de diciembre:
10:00-14:00 h

Días y horas de entrada gratuita
De lunes a sábado de 18:00 a 20:00 h
Domingos y feriados de 17:00 a 19:00 h

Cerrado
1 de enero, 1 de mayo y 25 de diciembre

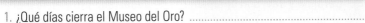

1. ¿Qué días cierra el Museo del Oro? ....
2. ¿Cierra a mediodía? ....
3. ¿Abre los lunes feriados? ....
4. ¿Cuál es el horario de martes a sábado? ....
5. ¿Cuál es el horario durante los domingos y feriados? ....
6. ¿Qué días es gratuita la entrada para todo el público? ....

Preguntar por los horarios

- ¿Cuál es el horario de...?
- ¿Qué días abre/cierra...?
- ¿A qué hora abre/cierra...?

Hablar de los horarios

- **a las...**
  El museo cierra a las siete de la tarde.
- **de... a...**
  El horario de las tiendas normalmente es de 09:00 o 10:00 a 20:00 h.
- **desde la/las... hasta la/las...**
  Normalmente las cocinas abren desde las 11:00 hasta las 23:30 h.
- **hasta las...**
  En Ciudad de México algunos bancos abren hasta las siete de la tarde.
- **entre las... y las...**
  Los bancos atienden al público de lunes a viernes, entre las 09:00 y las 16:00 h.

Museo del Oro

Estudiante **B**

HORARIO

Abierto
De martes a sábado: 09:00-17:00 h.
Domingos y feriados: 10:00-17:00 h

Cerrado
Lunes (incluidos los feriados), 1 de enero,
1 de mayo, 25 de diciembre y 31 de diciembre

Entrada gratuita
De martes a sábado: menores de 12 años y mayores de 60 años
Domingos: entrada gratuita para todos los públicos
Día Internacional de los Museos

1. ¿Cuál es el horario del Museo del Prado de lunes a sábado? ....
2. ¿A qué hora cierra los sábados? ....
3. ¿Hasta qué hora abre los domingos y feriados? ....
4. ¿Cuál es el horario del museo el 24 de diciembre? ....
5. ¿Desde qué hora es gratis la entrada? ....
6. ¿Qué días cierra? ....

3 [22] Escucha lo que hacen Adriana y Ernesto un día normal y marca la información correspondiente a cada uno.

1. Se despierta a las 7:00.
2. Se despierta a las 6:30.
3. Se baña en la mañana.
4. Almuerza a las 14:00.
5. Almuerza con su hermana.
6. Duerme la siesta después de almorzar.
7. Corre.
8. Sale con sus amigos.
9. Se baña antes de cenar.
10. Pide una *pizza*.
11. Juega con la computadora.
12. Se acuesta pronto.

Adriana
35 años. Ingeniera

Ernesto
16 años. Estudiante

Relacionar dos acciones temporalmente
- *después de* + infinitivo/nombre

  Después de bañarme/el baño me visto.

- *antes de* + infinitivo/nombre

  Todos los días corro por el parque antes de cenar/la cena.

3.1 **En parejas** ¿Tú haces estas cosas habitualmente? ¿Cuáles sí y cuáles no? ¿A qué hora?

4 Carolina y Javi son compañeros de departamento y en la mañana cada uno tiene rutinas diferentes. Lee la información, ordena las acciones de cada uno y completa.

Bañarse: 8:30   Desayunar: 8:00

Salir de casa: 9:00   Vestirse: 8:45

Maquillarse: 8:50

Salir de casa: 9:00   Desayunar: 8:40

Bañarse: 8:00   Afeitarse: 8:15

Vestirse: 8:25

Carolina primero ...., luego .... y ...., después .... y, por último, ...
Javi primero ...., luego .... y ...., después .... y, por último, ...

Ordenar las acciones en el tiempo
- primero
- luego/después
- por último

  Primero desayuno, luego me baño, después me visto y, por último, me lavo los dientes.

4.1 **Todo el grupo** Piensa en tu rutina matinal y cuéntale a tus compañeros/as lo que haces en un día normal y en qué orden.

5 **En parejas** Observa la agenda de este mes de Sara. ¿Con qué frecuencia realiza estas actividades? Fíjate en el ejemplo.

Ejemplo: *Sara estudia en la biblioteca dos veces a la semana.*

JUNIO

Lunes	Martes	Miércoles	Jueves	Viernes	Sábado	Domingo
Biblioteca 1	Salsa 2	Piscina 3	Tenis 4	Biblioteca 5	Súper Cine con Virginia y Santi 6	Celebrar mi cumpleaños 7
Biblioteca 8	Salsa 9	Piscina 10	Club de lectura 11	Biblioteca 12	Súper 13	Salida con amigos 14
Biblioteca 15	Salsa 16	Piscina 17	Tenis 18	Biblioteca 19	Súper 20	Almuerzo familiar 21
Biblioteca 22	Salsa 23	Piscina 24	Tenis Club de lectura 25	Biblioteca 26	Súper Cena de amigas 27	Reunión amigos universidad 28
Biblioteca 29	Salsa 30	1	2	3	4	5

Hablar de la frecuencia

- *los* + día de la semana
  Los lunes en la tarde voy al gimnasio.

  el lunes › **los** lunes
  el sábado › **los** sábados

- (casi) **todos los** días/meses/años/fines de semana
- (casi) **todas las** mañanas/tardes/noches/semanas
- **una vez/n.º de veces al** día/**a la** semana/**al** mes/**al** año
- **normalmente**
- **a veces**
- (casi) **siempre**
- (casi) **nunca**

Fíjate:
No tomo café nunca.
› *Nunca tomo café.*

Actividades

1. Estudiar en la biblioteca.
2. Bailar salsa.
3. Celebrar el cumpleaños.
4. Hacer las compras.
5. Salir con los amigos.
6. Jugar al tenis.
7. Reunirse en el club de lectura.
8. Almorzar en casa de sus papás.
9. Ir a la piscina.

Frecuencia

- los miércoles
- una vez a la semana
- una vez al mes
- dos veces al mes
- dos veces a la semana
- tres veces al mes
- una vez al año
- casi todos los fines de semana
- todos los sábados

5.1 **Todo el grupo** Marca la frecuencia con la que tú realizas estas actividades. Después cuéntaselo a la clase.

	Todos los días	Casi todos los días	A veces	Casi nunca	Nunca	Una vez al día/a la semana/al mes/al año	N.º de veces al día/a la semana/al mes/al año
Hacer las compras.	☐	☐	☐	☐	☐	☐	☐
Lavarte los dientes.	☐	☐	☐	☐	☐	☐	☐
Ir al dentista.	☐	☐	☐	☐	☐	☐	☐
Ir a la biblioteca.	☐	☐	☐	☐	☐	☐	☐
Cocinar.	☐	☐	☐	☐	☐	☐	☐
Tomar café.	☐	☐	☐	☐	☐	☐	☐
Acostarte pronto.	☐	☐	☐	☐	☐	☐	☐
Pedir una *pizza*.	☐	☐	☐	☐	☐	☐	☐
Almorzar en un restaurante.	☐	☐	☐	☐	☐	☐	☐
Poner el lavarropas.	☐	☐	☐	☐	☐	☐	☐

12 de octubre, ¿algo que celebrar?

Danza del Conquistador (San Antonio de Palopo, Guatemala)

Frescos mayas de Bonampak realizados entre 790 y 792 (Chiapas, México)

1 Lee el artículo sobre la fiesta del 12 de octubre y toma nota de la información nueva para ti. Puedes usar el diccionario.

En 1492 los nativos americanos descubren a CRISTÓBAL COLÓN perdido en el MAR

Un poco de historia

El 12 de octubre de 1492, Cristóbal Colón llega al continente americano por casualidad. Su intención es encontrar una ruta menos peligrosa para viajar a Asia, pero después de muchos días desembarca en una tierra desconocida. Cree que está en la India y muere sin saber que se encuentra en otro continente.

Españoles y portugueses, atraídos por las riquezas de esta tierra, comienzan una conquista y una posterior colonización que supone un enriquecimiento cultural y lingüístico sin precedentes en la historia de la humanidad.

Pero esta conquista conlleva también la aniquilación de muchos nativos americanos del continente debido a guerras y enfermedades, así como la destrucción de su cultura y modo de vida.

> **Colón llega a América por casualidad**

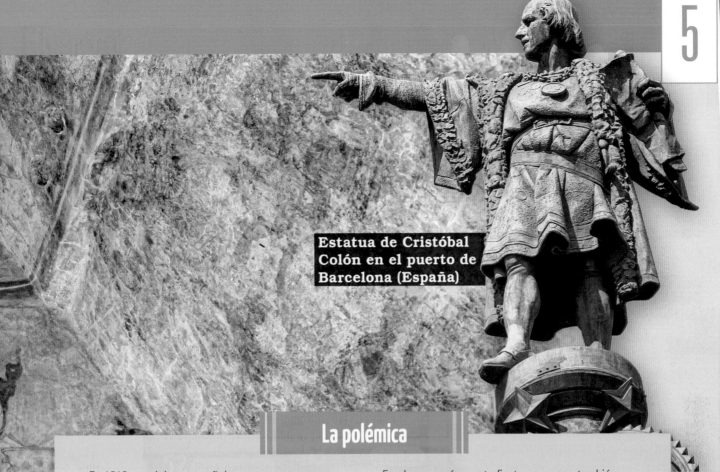

Estatua de Cristóbal Colón en el puerto de Barcelona (España)

La polémica

En 1913 un ministro español propone conmemorar los lazos que unen España con Latinoamérica; elige para la celebración el 12 de octubre y lo llama Día de la Raza.

La idea gusta y se empieza a celebrar en la mayoría de países latinoamericanos, pues consideran que la lengua y la cultura son comunes y los países están fuertemente unidos. Más adelante se cambia el nombre por Día de la Hispanidad, ya que se considera impropia la palabra *raza*.

En algunos países esta fiesta se conoce también como Día de las Culturas (Costa Rica), Columbus Day (Estados Unidos) o Día del Encuentro de Dos Mundos (Chile), entre otros nombres.

A comienzos del siglo XXI, sin embargo, surge una corriente en contra de la celebración. Muchos latinoamericanos y españoles piensan que, en realidad, se conmemora la exterminación y explotación de los nativos americanos y la destrucción de su cultura originaria. Por eso, en algunos países como Argentina o Venezuela, le cambian el nombre a este día (Día del Respeto a la Diversidad Cultural y Día de la Resistencia Indígena, respectivamente) y la fiesta se convierte en un día de reivindicación y manifestaciones.

66 **Es mejor tender puentes entre naciones hermanas con un pasado común, que favorecer la desunión** 99

66 **No tenemos nada que celebrar** 99

2 **En grupo grande** ¿Y tú qué piensas? Discute con tus compañeros/as las siguientes cuestiones.

- ¿Crees que se debe celebrar el 12 de octubre? Justifica tu respuesta.
- ¿Hay razones para la polémica?
- ¿En tu país o estado se celebra una fiesta similar? ¿Es también polémica? ¿Por qué?

HOSTAL Babel

El olor de tu café

Antes del video

1 **Todo el grupo** Observa la fotografía. ¿Qué parte del día crees que es? ¿Por qué?

2 **En parejas** Con tu compañero/a, haz una lista de los alimentos que hay en la mesa.

Durante el video

3 **En parejas** Visiona el fragmento 00:30 ▸ 01:07 sin sonido y, con tu compañero/a, crea el diálogo. Luego pon de nuevo el video sin sonido y dobla a las actrices.

3.1 Ahora visiona el fragmento con sonido. ¿Qué pareja tiene un diálogo más parecido al original?

4 Visiona el fragmento 00:46 ▸ 01:23 y contesta a las preguntas.

1. ¿A qué hora se despierta normalmente Carla?
2. ¿A qué hora desayuna normalmente Carla?
3. ¿A qué hora están desayunando hoy en el hostal Babel?
4. ¿Por qué tiene que levantarse hoy más temprano Carla?
5. ¿A qué hora empieza a trabajar hoy Carla?

5 ¿En qué orden crees que hace estas cosas Bea?

☐ Desayunar.   ☐ Bañarse.   ☐ Levantarse.

☐ Empezar a trabajar.   ☐ Ir al gimnasio.

Fíjate:
¿Qué verbo usa Bea en lugar de *bañarse*? ....

5.1 Ahora visiona el fragmento 01:29 ▸ 01:51, completa la información y comprueba tu respuesta anterior.

Primero [1] ...., luego [2] .... y [3] .... y después [4] .... Por último, [5] ....

6 Visiona el fragmento 01:50 ◯ 03:02 y di si las siguientes afirmaciones son verdaderas o falsas.

1. Bea se acuesta la última en el hostal Babel. .... V F
2. Bea se acuesta normalmente a medianoche. .... V F
3. Bea se acuesta más tarde que Carla. .... V F
4. Leo cena muy pronto. .... V F
5. Después de cenar, Leo ve normalmente la televisión. .... V F
6. Carla trabaja en la mañana y estudia en la tarde. .... V F
7. Carla estudia antes de cenar. .... V F

LÉXICO

Recuerda que al hablar de las partes del día se usa en (Latinoamérica) o por (España). Pero en Argentina y en algunos lugares de España como el País Vasco y Cataluña se usa a : *Acá me dicen que nos podemos ir todos a dormir y volver mañana a la mañana para el traslado.*

7 **En parejas** Acá tienes un fragmento de la conversación entre Tere, Carla y Bea. Ordénalo. Luego compara con tu compañero/a.

☐ Tere: Tengo cita con el dentista.

☐ Carla: Mirá, hablando de chicas estudiosas y responsables…

☐ Carla: ¿Y por qué te levantás tan temprano hoy, Tere?

☐ Tere: ¡Qué bien huele! ¿Puedo ponerme un café?

☐ Tere: ¡Ni yo! Nunca me levanto tan pronto.

☐ Bea: Lo sé, lo sé.

☐ Bea: Claro. Nunca pruebas mi café cuando está recién hecho.

1 Tere: ¿Eso que huelo es el café de Bea?

☐ Bea: ¡Qué temprano estás hoy levantada, Tere! ¡No puedo creerlo!

☐ Tere: Sí. Yo creo que es la primera vez desde que estoy en este hostal. ¡Me encanta tu café, Bea!

7.1 Visiona el fragmento 03:00 ◯ 03:42 sin sonido y haz los cambios necesarios según los gestos que observas.

7.2 Ahora visiónalo con sonido para comprobar. ¿Te ayudó verlo sin sonido para ordenarlo? ¿Cómo?

8 Visiona el fragmento 03:34 ◯ 04:18 y completa la información de la agenda de Tere para hoy.

9 Fíjate en el gesto que hace Leo en el fragmento 04:48 ◯ 04:55. ¿Crees que le gusta el café?

‹Calendario	≣ Q +
Hoy	
08:30	
	clase
12:30	
	clase de Estadística
17:30	(2 h)
Mañana	
9:30	clase

Después del video

10 **En grupos pequeños** ¿Qué desayunas tú normalmente? ¿Con quién sueles desayunar? ¿Es diferente el desayuno de los días de diario al de los fines de semana? Cuéntaselo a tus compañeros/as.

Evaluación

1 🔊 Escucha los siguientes diálogos y selecciona las horas que se dicen.

[23]
1. ☐ 11:50 – ☐ 1:50   3. ☐ 15:20 – ☐ 4:40   5. ☐ 16:30 – ☐ 6:30
2. ☐ 13:45 – ☐ 4:15   4. ☐ 12:55 – ☐ 11:05   6. ☐ 18:00 – ☐ 6:00

2 Completa el texto con el verbo adecuado en presente.

| acostarse | cenar | encontrarse | tomar | desayunar | despertarse | dormirse | bañarse |
| empezar | trabajar | irse | jugar | hacer | salir | vestirse | volver | regresar |

Ana [1] .... a las siete, [2] .... en cinco minutos, [3] .... un café y
una tostada, [4] .... y [5] .... a la universidad. Las clases [6] .... a
las ocho y media. A las once y media [7] .... una pausa para el café y veinticinco minutos
más tarde [8] .... a clase. A las dos [9] .... un sándwich y una fruta con sus
compañeros mientras conversan un rato. En la tarde [10] .... de mesera en un café.
Cuando [11] .... a las ocho, [12] .... con sus amigas y [13] .... al
básquet. En la noche, a las nueve y media, [14] .... a casa y [15] .... con sus papás.
A las once y media [16] .... y [17] .... en un instante porque está cansadísima.

3 **En parejas** Clasifica los verbos de la actividad anterior en su lugar correspondiente de la tabla.

Regulares	Irregulares
....	e ❯ ie: ...., ...,
....	....
....	o ❯ ue: ...., ...,
....	....
....	u ❯ ue: ....
....	e ❯ i: ....
....	Otros: ...., ...,

4 Escribe ahora lo que haces tú en un día normal.

....

....

5 Completa las frases según tus hábitos.

| Tender la cama. | Hacer yoga. | Almorzar con la familia. | Hacer deporte. | Escuchar música. | Ver filmes. |
| Ver series. | Ir de compras. | Salir con amigos. | Ir al dentista. | Leer las noticias. | Dormir la siesta. |

1. No .... nunca.

2. Casi nunca ....

3. .... todos los días.

4. .... una o dos veces al mes.

5. .... una vez a la semana.

6. Normalmente .... en la mañana/tarde/noche.

6 Completa las frases con las preposiciones *a, de, en, desde, hasta, entre.*

1. Siempre me baño .... la mañana.

2. .... mediodía hago una pausa para tomar un sándwich.

3. Los bancos abren .... las tres .... la tarde.

4. Tengo clase de español .... las 9:00 .... las 10:30.

5. ¿................ qué hora cierra el supermercado?

6. Los restaurantes abren normalmente .... martes .... domingo, ... 12:30 .... 16:00 y .... 20:00 .... 23:30.

7. Siempre ceno .... las 9:00 y las 10:00 .... la noche.

8. Mi cumpleaños es el 28 .... noviembre.

7 Relaciona la información de las columnas.

1. ¿A qué hora   a. cierra el museo?

2. ¿Qué hora   b. te levantas normalmente?

3. ¿Cuál   c. es en tu ciudad?

4. ¿Qué días   d. es el horario de las clases?

8 Responde a las preguntas con ayuda de las imágenes.

1. ¿Cuál es el horario de la biblioteca los martes? ....

2. ¿A qué hora sale el avión de Barcelona? ....

3. ¿Qué hora es en Fráncfort? ....

4. ¿Cuándo se celebra el Día de la Independencia de México? ....

Horario Biblioteca
L-V: 9:00-21:00
S: 9:00-14:00

16 DE SEPTIEMBRE ¡Viva La Independencia!
VIVA MÉXICO

9 Marca las afirmaciones del apartado de cultura que son verdaderas.

1. ☐ La idea de Colón al iniciar su viaje es encontrar una ruta alternativa para llegar a África.

2. ☐ Al llegar a América, Colón cree que está en la India.

3. ☐ En la mayoría de países de habla hispana, cada 12 de octubre se celebra el Día del Encuentro de dos Mundos.

4. ☐ Muchas personas piensan que la llegada de Colón a América es un acontecimiento triste que no debe celebrarse.

5. ☐ En algunos países latinos el 12 de octubre hay manifestaciones y protestas.

6. ☐ En Estados Unidos este día se conoce como "Columbus Day".

7. ☐ La fiesta se celebra desde 1492.

8. ☐ Es una fiesta para celebrar la unión política y militar de los países de habla hispana.

¡Me encanta!

¿Qué te gusta hacer en tu tiempo libre?

¿Qué cosas no te gusta hacer?

¿Sales a restaurantes?

¿Sabes qué son las tapas?

Parapente en el distrito de Miraflores, Lima (Perú)

En esta unidad vas a. . .

▸ Expresar gustos, intereses y preferencias
▸ Expresar acuerdo y desacuerdo
▸ Hablar de actividades de ocio
▸ Pedir en el restaurante
▸ Conocer algunas tapas típicas españolas

¿Qué sabes?

1 **Todo el grupo** ¿Qué actividades puedes hacer en estos lugares?

- Ver una exposición.
- Almorzar/cenar.
- Ver un filme/una película.
- Caminar.
- Leer.
- Ver una obra de teatro.
- Practicar deporte.
- Cantar.
- Esquiar.
- Escuchar música.
- Bailar.
- Dormir.
- Andar en bicicleta.
- Tomar fotos.
- Otras: ....

el café

tu casa

el cine

la discoteca

la montaña

el museo

el teatro

el parque

Latinoamérica ▶ andar : *Caminar, **andar** en bicicleta, patinar, bailar o jugar a la pelota o con la raqueta son buenas maneras de quemar calorías y mantenerse en forma.*

España ▶ montar : *Complementen este ejercicio con deportes como correr, nadar o **montar** en bicicleta.*

2 **En parejas** Escribe estas formas de cocinar los alimentos debajo de su imagen correspondiente.

a la plancha | al vapor | frito/a | asado/a | (en) crudo/a | a la parrilla

....

....

2.1 **En parejas** Estos son los platos del día del restaurante Buen Provecho. Completa los platos a tu gusto con las expresiones de la actividad 2, escribe uno de tu elección en cada categoría y luego pregúntale a tu compañero/a qué va a comer.

PLATOS DEL DÍA

ENTRANTES

Verduras [1] ....

Ensalada mixta

Arroz [2] .... con huevo

[3] ....

PLATO PRINCIPAL

Pescado [4] .... con

papas [5] ....

Carne [6] .... con arroz

Tacos de pollo

[7] ....

POSTRES

Torta de queso

Helado de chocolate a la menta

[8] ....

Restaurante Buen Provecho

Latinoamérica › papa : *Voy a asar carne de puerco con papas.*
España › patata : *Alrededor del pollo se ponen las patatas, el tocino y las cebollitas, colocándolos encima del pollo.*

Palabras

1 **En parejas** Lee la oferta de ocio de la capital de Perú, Lima, y completa el cuadro con las actividades de tiempo libre que se pueden realizar. Luego compara tu clasificación con la de tu compañero/a.

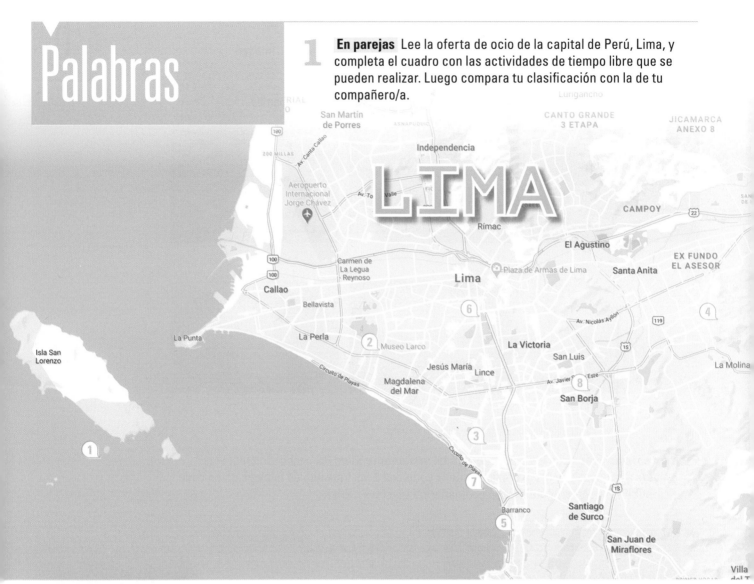

Isla Palominos

Uno de los lugares preferidos por los turistas para **disfrutar de la naturaleza**, donde se puede **nadar** y **bucear** al lado de los leones marinos y los pingüinos. De vuelta, en la costa de Lima, puedes **hacer surf, pasear** por la playa o **jugar al voleibol**.

Museo Larco

En este museo podemos ver una colección de arte precolombino de aproximadamente 45 000 piezas. El museo está rodeado de hermosos jardines donde descansar y **tomar fotos**.

Huaca Pucllana

Huaca Pucllana es un sitio arqueológico de época preincaica que está dentro del distrito de Miraflores. Te recomendamos **hacer la visita guiada** y subir los 7 niveles de la pirámide truncada para **disfrutar de las vistas** que ofrece.

Estadio Monumental

Si te gustan los espectáculos deportivos, lo mejor es **ir al estadio** Monumental, conocido como "La U", uno de los más grandes del mundo, con una capacidad para 85 000 espectadores. Así puedes **ver un partido de fútbol** de uno de los equipos más importantes de Perú, el Club Universitario de Deportes.

Barrio Barranco

Es el barrio bohemio de Lima, con galerías de arte, tiendas donde **hacer compras**, zonas con encanto para pasear y cafés y restaurantes donde **probar la comida típica** peruana y **tomar un jugo** natural de frutas.

Parque de la Exposición

En este parque podemos **descansar, ir al teatro** o **visitar el Museo de Arte de Lima** (MALI), que se encuentra situado en su interior. Además puedes **dar un paseo en bote** en su gran laguna artificial.

El malecón de Miraflores

Con 10 km de costa, el malecón de Miraflores ofrece las mejores vistas del océano Pacífico. Además, si te gustan los deportes de riesgo, puedes **saltar en parapente** o **surfear** en las playas Makaha o Waikiki.

Gran Teatro Nacional del Perú

Es considerado uno de los teatros más modernos del mundo y el más importante de América Latina. En él actúan orquestas de todo el mundo. También podemos **ver obras de teatro**, **espectáculos de danza**, **musicales** y **conciertos**.

Actividades culturales	Deporte	Comida y bebida	Actividades al aire libre

Latinoamérica y España › futbol : *Si no hay once jugadores, no se puede jugar un partido de* **fútbol**.
México y Costa Rica › futbol : *Carlos Miloc es uno de los técnicos históricos en nuestro* **futbol**.

1.1 [24] Luis Alberto es de Lima y explica lo que hace en su tiempo libre. Marca en la lista las actividades que menciona.

1. ☐ Hacer surf.
2. ☐ Ver un filme.
3. ☐ Tomar ceviche.
4. ☐ Jugar al voleibol.
5. ☐ Ver un partido de fútbol.
6. ☐ Descansar.
7. ☐ Ver un partido de básquet.
8. ☐ Ir a un concierto.
9. ☐ Tomar fotos.
10. ☐ Dar un paseo.

Pues en mi ciudad la oferta de ocio es muy amplia. Por ejemplo, puedes ir a hacer compras a...

1.2 Todo el grupo ¿Cuál es la oferta de ocio en tu ciudad? Cuéntaselo a la clase.

 Fíjate: **tomar = comer** o **beber**

Gramática

1 Gustar, encantar e interesar

- Para **expresar gustos** usamos los verbos *gustar* y *encantar* y para **expresar intereses**, el verbo *interesar*. Estos verbos tienen una construcción especial:

(a mí)		me	gusta	+ infinitivo/nombre singular
(a ti)		te	encanta	
(a él, ella, usted)	(no) +	le	interesa	
(a nosotros/as)		nos	gustan	+ nombre plural
(a vosotros/as)		os	encantan	
(a ellos, ellas, ustedes)		les	interesan	

> *Me gusta jugar al tenis.*
> *Me encanta el café.*
> *Me interesan los libros de historia.*

- El verbo *encantar* expresa el gusto en grado máximo: significa 'me gusta mucho'.

Fíjate:

A mí me gusta el café o *Me gusta el café*, pero *A mí gusta el café.*

1.1 En parejas ¿Qué cosas le gustan a Marta? ¿Qué cosas no le gustan? ¿Y qué le encanta?

Ejemplo: *A Marta le gusta(n).../A Marta no le gusta(n)...*

tomar fotos · el surf · las flores amarillas · hacer compras · el básquet · las palomitas · los juegos de mesa · el sushi

---

LÉXICO

Latinoamérica ▸ básquet, básquetbol, basquetbol : *Yo estoy lo más bien. Hago de todo, **básquet** y fútbol incluidos.*

España ▸ baloncesto : *David me espera solo en la pista de **baloncesto**, jugando a encestar con su pelota naranja de la NBA.*

1.2 Completa las frases con el pronombre y la forma adecuada de los verbos *gustar*, *encantar* o *interesar*.

1. .... (encantar, a mí) ir a exposiciones.

2. A Pedro .... (interesar) mucho el cine.

3. A nosotros .... (encantar) las hamburguesas con queso.

4. ▶ ¿........... .... (gustar, a ti) la sopa de marisco?

   ▷ ¡........... ....! (encantar, a mí)

5. El arte no .... (interesar) mucho a mis amigos. A ellos ....
   .... (gustar) más el deporte.

6. A ustedes .... (gustar) mucho las tortas, ¿verdad?

7. A Sonia y a Paco .... (gustar) leer después de almorzar.

8. A mi hermana y a mí .... (encantar) bailar.

9. ¿........... .... (interesar, a ustedes) la fotografía? Es que hay una exposición
   muy buena en el Museo de Arte Contemporáneo.

10. No .... (gustar, a mí) nada cantar en público.

2 Adverbios *mucho, bastante, poco, nada*

- Para graduar los gustos o intereses podemos usar los adverbios *mucho*, *bastante*, *poco* o *nada*:

  *Me gusta **mucho** el básquet.* 😍

  *Me gusta **bastante** cocinar.* 🙂

  *Me gusta **poco** bailar.* = **No** me gusta **mucho** bailar. 🙁

  *No me gustan **nada** los deportes de riesgo.* 😖

- Con el verbo *encantar* no se usan estos adverbios, porque *encantar* indica el grado máximo de satisfacción y, por tanto, no se puede graduar:

  Me encanta ~~mucho~~ el cine.

2.1 🔊 Escucha la entrevista a la famosa escritora Aurora Valle sobre sus gustos y completa la tabla.

[25]

	😍 Mucho	🙂 Bastante	🙁 Poco	😖 Nada
El cine.	☐	☐	☐	☐
Ver películas en casa.	☐	☐	☐	☐
La televisión.	☐	☐	☐	☐
Las series.	☐	☐	☐	☐

2.2 **En parejas** Completa las siguientes frases según tus gustos. Luego compara con tu compañero/a. ¿Coincides con él/ella?

| Comer palomitas en el cine | La tele | Las series | Ver filmes en casa | Los documentales | El cine |

1. .... me encanta(n).

2. .... me gusta(n) mucho.

3. .... me gusta(n) bastante.

4. .... me gusta(n) poco.

5. .... no me gusta(n) mucho.

6. .... no me gusta(n) nada.

LÉXICO

Latinoamérica › filme, película : *El tercer filme que se exhibe hoy es El duelo (2004), de Christián Maldonado.*

España › película : *En la película, Fred-Pete y Renee-Alice son personajes pasivos.*

Practica en contexto

1 **En grupos pequeños** Lee lo que les gusta a estas personas y decide cuál es el mejor plan para ellas. Justifica tu respuesta.

A mi esposo y a mí nos encanta la música clásica. Por eso, siempre que podemos, vamos a escuchar un concierto al auditorio o a la ópera. También nos gusta el teatro y la danza clásica... ¡No entendemos la danza moderna!

Wang y Lian

A mí me encanta el teatro, pero no me gusta nada el teatro clásico porque es muy aburrido. También me gusta el cine clásico y el cine independiente.

Ana

A mi nieto le gustan mucho las obras de teatro infantil y las actividades para niños de los museos, pero yo prefiero ir con él a conciertos porque me encanta la música. También me gusta ir al zoo y ver filmes para niños, que a las dos nos encantan.

Maite y Raúl

A nosotros nos encanta ir a exposiciones. Nos interesa todo tipo de arte, pero, sobre todo, nos gustan las exposiciones de fotografías antiguas. También nos gusta ir a conciertos de música *rock* y pop y bailar *swing*.

Luis y Olivia

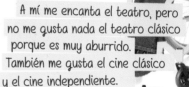

Música

NOCHES DE *JAZZ*
Conciertos viernes, sábados y domingos
Lugar: Sala Caracola
19:30 h

ORQUESTA SINFÓNICA
Obras de Prokófiev y Rajmáninov
Lugar: Auditorio Nacional
18:30 h

***ROCK* EN DIRECTO**
Conciertos viernes y sábados
Lugar: Sala Mi Música
22:30 h

Cine

CINE LOMAS
Wonder Woman 1984
Director: P. Jenkins
País: Estados Unidos
No recomendada para menores de 13 años.

CINE EN FAMILIA
El ratoncito Pérez
Director: J. P. Buscarini
País: Argentina
Apta para todos los públicos.

FILMOTECA
La cena de los idiotas
Director: F. Veber
País: Francia
No recomendada para menores de 13 años.

Teatro y danza

COMPAÑÍA NACIONAL DE TEATRO CLÁSICO
La dama duende
Lugar: Teatro Colón
20:00 h

TEATRO INFANTIL
Los cuentilocos
Lugar: Teatro Victoria
17:00 h

DANZA CONTEMPORÁNEA
All Ways
Lugar: Teatro Nacional de Danza
19:00 h

Museos y salas de exposiciones

ARTE CONTEMPORÁNEO
David Bestué
Lugar: Museo de Arte Contemporáneo
Horario: de 10:00 a 21:00 h

FOTOGRAFÍA
Instagramers gallery
Lugar: Fundación Arte y Cultura
Horario: de 10:00 a 20:00 h

TALLER: MUSEO EN FAMILIA
Cuentos con historia
Lugar: Museo Arqueológico Nacional
Horario: de 18:00 a 19:45 h

2 [26] Escucha la entrevista que realizan a estas personas y completa la tabla.

😊 Le gusta mucho 🙂 Le gusta 😞 No le gusta 😖 No le gusta nada

Actividades	Él				Ella			
	😊	🙂	😞	😖	😊	🙂	😞	😖
Salir con amigos.	☐	☐	☐	☐	☐	☐	☐	☐
Ir al cine.	☐	☐	☐	☐	☐	☐	☐	☐
Pasear por la ciudad.	☐	☐	☐	☐	☐	☐	☐	☐
Salir a correr.	☐	☐	☐	☐	☐	☐	☐	☐
Ir a discotecas.	☐	☐	☐	☐	☐	☐	☐	☐
Ir a un concierto.	☐	☐	☐	☐	☐	☐	☐	☐
Ver la televisión.	☐	☐	☐	☐	☐	☐	☐	☐
Chatear.	☐	☐	☐	☐	☐	☐	☐	☐

2.1 [26] Vuelve a escuchar el audio y anota en qué gustos coinciden y en cuáles no.

Salir con amigos. SÍ NO
Ir al cine. SÍ NO
Pasear por la ciudad. SÍ NO
Salir a correr. SÍ NO

Ir a discotecas. SÍ NO
ir a un concierto. SÍ NO
Ver la televisión. SÍ NO
Chatear. SÍ NO

Expresar gustos iguales

- **Yo/A mí también**

  ▶ Yo voy al cine todos los fines de semana.
  ▷ Yo también.

  ▶ A mí me encanta el ceviche.
  ▷ A mí también.

- **Yo/A mí tampoco**

  ▶ Yo nunca tomo café.
  ▷ Yo tampoco.

  ▶ A mí no me gusta nada el arroz.
  ▷ A mí tampoco.

Expresar gustos diferentes

- **Yo/A mí sí**

  ▶ Yo no tomo el café con leche.
  ▷ Yo sí.

  ▶ A mí no me gusta nada el té.
  ▷ A mí sí.

- **Yo/A mí no**

  ▶ Yo tomo el café con leche.
  ▷ Yo no.

  ▶ A mí me encanta el arroz.
  ▷ A mí no.

3 **Todo el grupo** Diles a tus compañeros/as lo que te gusta y no te gusta hacer en tu tiempo libre y reacciona a lo que ellos/ellas te cuentan.

▶ Lo que más me gusta hacer en mi tiempo libre es ir a conciertos.

▷ Pues a mí no. Me gusta más hacer ejercicio en el gimnasio. Me divierte mucho.

▶ A mí también. Pero si hace frío, me gusta quedarme en casa y jugar a los videojuegos.

4 **Todo el grupo** Lee la carta de este restaurante. ¿Qué platos conoces? Explica qué ingredientes llevan y cómo están hechos. Puedes usar el diccionario.

● BOTANAS ●

Papas con salsa brava	$4.50	Aros de cebolla	$3.50
Nachos con queso	$6.50	Burritos de carne/pollo	$7.80
Alitas de pollo fritas	$12.50	Fajitas de carne/pollo	$10.50

● SÁNDWICHES ●

Mixto (jamón y queso)	$3.00	Vegetal	$3.50
Mixto con huevo	$3.50	Pollo y tomate	$4.30

Hamburguesas (todas las hamburguesas se sirven con papas fritas o ensalada)

Estándar (tomate, cebolla y lechuga)	$7.50
Especial de la casa (tomate, queso, beicon, cebolla y lechuga)	$8.50

● BEBIDAS Y REFRESCOS ●   ● BEBIDAS CALIENTES ●

Refrescos, jugo de naranja	$2.50	Café solo	$1.30
Agua con gas/sin gas	$1.80	Café con leche	$3
Cerveza	$4.50	Té e infusiones	$1.30
Cerveza sin alcohol	$1.60	Chocolate	$3.00

Platos del día

ENTRANTES
Huevos Benedictine
Ensalada con queso de cabra
Crema de verduras

PLATOS PRINCIPALES
Salmón a la plancha
Pollo asado con papas
Entrecot de ternera con chiles

SUGERENCIAS
Lasaña de verduras
Crema de marisco
Chile relleno de carne con salsa de frijoles

POSTRE
Flan casero
Torta casera de chocolate
Helado de mango

Entrante, plato principal y postre. **$15**

LÉXICO

Latinoamérica ❭ torta :
*La **torta** de boda tiene cuatro enormes pisos.*
México y España ❭ tarta/pastel : *De postre una **tarta** de almendras excelente. Allí estaba mi madre, haciendo un **pastel** que olía delicioso y cantando.*
Honduras ❭ queque :
*Eliminar galletas dulces, **queques**…*
Latinoamérica ❭ botana : *Para abrir el apetito te presentamos esta gran variedad de **botanas**.*
España ❭ tapa : *El restaurante de moda es un bar español de **tapas** que se llama "La Tasca".*
Venezuela ❭ pasapalos : *Una cena servida, un buffet o estaciones de distintas comidas y un cóctel con **pasapalos** son las formas más usuales.*

4.1 [27] Escucha estos dos diálogos entre un mesero y unos clientes y responde a las preguntas de cada diálogo.

	Diálogo 1	Diálogo 2
¿Qué comen?		
¿Qué beben?		
¿Cuánto es todo?		

4.2 **En grupos pequeños** Imagina que es la hora de almorzar y vas al restaurante anterior. Elige con tus compañeros/as una situación y pide la comida y la bebida que quieres tomar. Otro/a compañero/a hace de mesero/a.

Estás con un/a amigo/a. Tú eres vegetariano/a y no te gustan nada los refrescos con azúcar. A tu amigo/a no le gusta el queso y le gusta tomar un café después de almorzar.

Hoy tienes tiempo para almorzar tranquilamente con tu pareja. Tú tienes alergia al marisco. A tu pareja no le gusta mucho la carne y prefiere el pescado.

Vas al restaurante con tu compañero/a de trabajo. No tienen tiempo para comer los platos del día. A ti te encanta la carne, pero no te gusta la cebolla. A tu compañero/a le encantan las papas.

Tu amigo/a y tú son estudiantes. Quieren tomar botanas, pero solo tienen $15 entre los dos. A los dos os gustan mucho los refrescos de naranja.

Vas con un/a amigo/a. Es tarde y ya no sirven platos del día. A ti te gusta el pescado y a tu amigo/a no le gusta el queso. No os gusta almorzar con agua.

Preguntar por la comida y la bebida (mesero/a)

- ¿Qué **deseas/desea** (usted)/**desean** tomar?
- ¿Y de plato principal/beber/postre?
- ¿**Deseas/Desea** (usted)/**Desean** tomar café/**algo más**?

Pedir en cafés y restaurantes (cliente)

- (**De** entrante/plato principal/beber/postre) **Yo** (quiero)…
- **Para mí**…

Pedir una explicación

- ¿**De qué es** la torta de la casa/**son** los sándwiches?
- **Una pregunta**: ¿qué es/son…?

Pedir la cuenta

- ¿**Cuánto es** (todo)?
- **La cuenta**, por favor.
- ¿**Me/Nos trae la cuenta**, por favor? (Formal).

5 ¿Sabes qué es la "comida rápida"? Completa esta encuesta para una cadena de restaurantes de comida rápida.

ENCUESTA SOBRE CONSUMO DE COMIDA RÁPIDA

1. ¿Con qué frecuencia consume comida rápida a la semana?
   - ☐ 5 o más días.
   - ☐ 3 o 4 días.
   - ☐ 1 o 2 días.
   - ☐ Nunca.

2. ¿Dónde toma normalmente comida rápida?
   ....

3. ¿Qué opina de la comida rápida?
   - ☐ Me gusta mucho.
   - ☐ No me gusta mucho.
   - ☐ Me gusta.
   - ☐ No me gusta nada.

4. ¿Qué le parece más importante cuando consume comida rápida? Puntúe de 4 (muy importante) a 1 (poco importante).
   Sabor ☐   Calidad ☐   Precio ☐

5. Puntúe estos productos de comida rápida de 5 (me encanta) a 1 (no me gusta nada).
   Hamburguesa ☐   *Pizza* ☐   Sándwich ☐   Perrito caliente ☐

6. ¿Cuándo consume productos de comida rápida?
   ☐ En la mañana.   ☐ A mediodía.   ☐ En la tarde.   ☐ En la noche.

7. ¿Cuánto dinero gasta de media a la semana en comida rápida? ....

8. ¿Cuál es el restaurante de comida rápida que prefiere? ....

5.1 **Todo el grupo** Ahora compara la encuesta con la de tus compañeros/as.

¿Cuántos toman comida rápida? ¿Con qué frecuencia?
....
....

¿A cuántos les gusta la comida rápida? ¿Dónde la toman? ¿Cuándo?
....
....

¿Se consume comida rápida porque es más barata, porque está más rica o por su calidad?
....
....

¿Cuáles son las conclusiones?
....
....

NOS VAMOS DE TAPAS

Patatas bravas
Pescadito
Chipirones
Buñuelos de bacalao
Pulpo a la gallega
Calamar a la romana
Mejillones a la marinera
Almejas a la marinera
Anchoas
Boquerones
Gambita salteada
Aigalitas salteadas
Jamón Ibérico
Cañaillas
Bígaros
Navajas
Berberecho
Tortilla de patata
Choricito picantes
Pimiento de Padrón

1 Solo uno de estos platos es una tapa, ¿cuál? ¿Por qué?

¿Sabías que...?

En España, una tapa es un aperitivo que se sirve con la bebida. Lo normal es ir a los bares para probarlas. El bar, en España, es un lugar de reunión social donde la gente puede tomar tapas, desayunar, almorzar... En algunas ciudades la tapa es gratuita. La tapa de mayor tamaño y que se comparte entre varias personas se llama ración. Es bastante habitual salir a tomar tapas los fines de semana; esta forma de comer se llama tapear o ir de tapas. En algunas zonas del norte de España las tapas se llaman pinchos (pintxos en vasco) y no son gratuitos.

Croquetas

Son porciones de masa hecha con besamel y un picadillo de diversos ingredientes, que se rebozan en huevo y pan rallado y se fríen en aceite. Las más populares son las de jamón.

Pulpo a la gallega

Es un plato típico de Galicia, aunque se come en toda España. El pulpo se cuece, se trocea y se sirve con pimentón por encima. A veces también se sirve con papas cocidas.

Patatas bravas

Son papas fritas que se sirven con una salsa picante, llamada salsa brava. Se sirven calientes y en algunas zonas de España se añade salsa alioli.

Pincho de tortilla

La *omelette* de papas es uno de los platos españoles más conocidos. Muchas personas piden un "pincho de tortilla" (una porción triangular) y un café con leche para desayunar o tomar algo a media mañana.

Huevos estrellados

Son huevos fritos acompañados generalmente de papas fritas y jamón ibérico. A veces el jamón se sustituye por otros ingredientes como chorizo o setas.

> **Fíjate:**
> En Latinomérica una *tortilla* es una masa fina, hecha de harina, que se usa para contener o acompañar algunas comidas. Para referirse a la mezcla de huevo batido, se usa la palabra *omelette*.

2 **Todo el grupo** ¿Es habitual en tu país comer tapas? ¿Existe algo similar? ¿Es habitual comer fuera de casa?

3 **Todo el grupo** Vamos a hacer un listado de tapas de la clase. Piensa en un plato de tu país, región o comunidad que se pueda servir como tapa y preséntaselo a la clase. Luego tu profesor/a recogerá todas las propuestas para hacer una lista con las tapas que se ofrecen.

Nombre de la tapa	Ingredientes	Precio

HOSTAL Babel

Antes del video

1 **En parejas** Hoy nuestros amigos Tere y Hugo van a visitar a Carla en su lugar de trabajo. Observa la fotografía y conversa con tu compañero/a sobre las cuestiones que te proponemos.

1.1 ¿Cómo es el lugar? Selecciona adjetivos del cuadro.

☐ ruidoso	☐ luminoso	☐ acogedor	☐ original	☐ lindo
☐ agradable	☐ tranquilo	☐ moderno	☐ clásico	☐ viejo

1.2 ¿Qué objetos hay? Márcalos.

☐ clóset   ☐ sofá   ☐ barra   ☐ ventana

☐ aire acondicionado   ☐ silla   ☐ lámpara

☐ puerta   ☐ mesa   ☐ planta

2 **En grupos pequeños** ¿Te gusta este café? ¿Cómo se llama tu café favorito? ¿Cómo es? ¿Qué se puede tomar en él? Cuéntaselo a tus compañeros/as de grupo.

> **LÉXICO**
> Tanto en Latinoamérica como en España se usan las palabras café y cafetería para referirse al local donde se puede comer y beber algo, pero el término cafetería es más usado en España: *Estoy con Susi en la cafetería del centro comercial.*

Durante el video

3 Visiona el fragmento 00:30 ▶ 01:15. ¿Qué dice siempre Carla?

> Fíjate:
> ¿Qué palabra utiliza Tere para hablar de la profesión de Carla?
> ....

1 "En la cafetería .... muy bien".

2 "Me .... la cafetería donde trabajo".

3 "Trabajo de ....".

4 ¿De qué comidas hablan Tere, Carla y Hugo? Visiona el fragmento 02:06 ⏵ final y márcalas en la siguiente carta.

⏴ TAPAS ⏵

◂ jamón ibérico
◂ paella de marisco
◂ huevos estrellados
◂ pincho de tortilla

◂ patatas bravas
◂ croquetas
◂ tabla de quesos
◂ pulpo a la gallega

⏴ HAMBURGUESAS ⏵

◂ normal (lechuga, tomate y cebolla)
◂ normal con queso
◂ especial (cebolla, lechuga, pepinillo y tomate)

(Todas las hamburguesas se sirven acompañadas de papas hervidas y ensalada)

⏴ SÁNDWICHES ⏵

◂ mixto
◂ vegetal

◂ mixto con huevo

5 ¿Qué pide Tere? ¿Y Hugo? Visiona de nuevo el fragmento y completa la tabla.

	Tere	Hugo
De beber		
De comer		

6 **En parejas** ¿Qué productos no puede tomar Hugo? ¿Cuáles sí? Escribe debajo de las imágenes si puede comer o no estos alimentos y justifica tu respuesta. Puedes volver a visionar el fragmento 01:39 ⏵ final.

No, porque la hamburguesa lleva carne y pan blanco.

Después del video

7 **En grupos pequeños** Como ves, Hugo tiene muchos problemas para comer cuando sale. ¿Puedes ayudarlo? Piensa con tus compañeros/as en la carta de un restaurante para veganos.

7.1 **Todo el grupo** Ahora presenta tu propuesta a la clase. ¿Cuál es la más completa y variada?

Evaluación

1 Relaciona las palabras de las columnas.

1. flan
2. torta
3. agua
4. pescado/carne/verduras
5. sopa/crema
6. *omelette*
7. pollo
8. sándwich

a. mixto
b. con gas/sin gas
c. de papas
d. casero
e. con papas/con ensalada
f. de chocolate
g. de marisco/de verduras
h. a la plancha/a la parrilla

2 Completa el crucigrama.

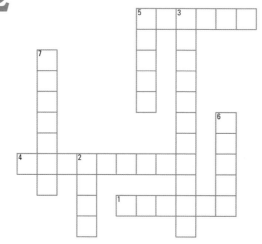

1. Lugar donde puedes ver una obra de teatro.
2. Lugar donde puedes ver una película.
3. Lugar donde puedes almorzar o cenar fuera de casa.
4. Lugar donde puedes bailar.
5. (Vertical) Lugar donde puedes nadar, pasear, tomar el sol o hacer surf.
5. (Horizontal) Lugar donde puedes pasear, andar en bici, practicar deporte.
6. Lugar donde puedes ver una exposición.
7. Lugar donde puedes ver un partido de fútbol y animar a tu equipo.

3 Elige la forma adecuada de los verbos *gustar*, *encantar* e *interesar*.

1. Me **encanta/encantan** tomar botanas con los amigos.
2. A mi amiga le **interesa/interesan** los documentales de animales.
3. A mis gatos no les **gusta/gustan** mucho el pescado.
4. A mi hija le **gusta/gustan** las caricaturas de Peppa Pig.
5. A mis perros les **encanta/encantan** salir a dar paseos.
6. No me **interesa/interesan** los deportes.
7. ▶ ¿A ti te **gusta/gustan** los tacos de pollo?
   ▷ No, la verdad es que no me **gusta/gustan** mucho. Prefiero los de carne.

4 Lee las frases y reacciona según tus gustos con *a mí también, a mí tampoco, a mí sí, a mí no.*

1. ▶ No me gusta la carne.   ▷ ....
2. ▶ A mis amigos y a mí nos gusta ver series.   ▷ ....
3. ▶ A Rocío le gusta bailar.   ▷ ....

4. ▶ Me encantan los autos deportivos. ▷ ....

5. ▶ A mi profesora le interesa la literatura rusa. ▷ ....

6. ▶ A Jorge no le gusta nada el chocolate. ▷ ....

7. ▶ Me gustan muchos los insectos. ▷ ....

5 Completa el siguiente diálogo entre un mesero y unos clientes.

> ¿Y de plato principal? | ¿Y de beber? | ¿El entrecot lleva papas fritas? | Sin gas, por favor.
> Para mí, agua. | Yo, de entrante, quiero la ensalada mixta.

▶ Buen día, señores.
▷ Buenos días.
▶ ¿Qué desean tomar?
▷ [1] ....
▶ Muy bien. ¿Y usted?
▷ Para mí, las verduras a la parrilla.
▶ [2] ....
▷ Para mí, el pescado a la plancha.
▷ [3] ....
▶ Sí.

▷ Pues yo quiero el entrecot.
▶ [4] ....
▷ Yo, un refresco de naranja.
▶ ¿Y para usted?
▷ [5] ....
▶ ¿Con gas o sin gas?
▷ [6] ....
▶ Estupendo, pues ahora mismo les traigo la bebida.
▷ Gracias.

6 Escribe lo que te gusta hacer en tu tiempo libre.

....
....
....

7 Elige la opción correcta.

1. Las raciones…
   a. son individuales.
   b. son para compartir.
2. En España, la forma de comer yendo de bar en bar se llama…
   a. ir de tapas. b. comer tapas.
3. Los pinchos son típicos del…
   a. sur de España. b. norte de España.
4. Los pinchos…
   a. son gratuitos.
   b. cuestan dinero.

5. Las croquetas más populares son las de…
   a. queso. b. jamón.
6. El pulpo a la gallega es un plato muy popular…
   a. en toda España. b. solo en Galicia.
7. Las patatas bravas se sirven…
   a. frías. b. calientes.
8. Normalmente se pide .... de tortilla.
   a. un pincho b. una tapa
9. Los huevos estrellados llevan generalmente…
   a. papas fritas y jamón ibérico.
   b. salsa brava.

Buenas intenciones

¿Te gusta planificar o prefieres improvisar?

¿Qué planes tienes para los próximos meses?

¿Qué obligaciones tienes?

¿Piensas hacer algún cambio en tu vida?

En esta unidad vas a. . .

- ▶ Hablar de planes y proyectos en un futuro inmediato
- ▶ Expresar intenciones, deseos y obligaciones
- ▶ Hacer sugerencias
- ▶ Proponer un plan, aceptarlo o rechazarlo
- ▶ Expresar opinión y valoración
- ▶ Conocer el parque nacional Canaima (Venezuela)

¿Qué sabes?

1 [28] Vas a escuchar tres diálogos en los que Ramón, Susana y Ángel nos hablan de deseos, de obligaciones y de planes. Escucha el audio y corrige la información falsa.

Tengo que...

ir a la peluquería.

limpiar la casa.

RAMÓN

llevar el auto al taller.

nadar.

SUSANA

almorzar en un restaurante indio.

Quiero...

tener un celular.

ser bombero.

ÁNGEL

tomar un helado.

1.1 Todo el grupo Mira las imágenes de la actividad anterior y completa la tabla. ¿Coincides con tus compañeros/as?

¿Quién habla de deseos?	¿Quién habla de obligaciones?
☐ Ramón	☐ Ramón
☐ Susana	☐ Susana
☐ Ángel	☐ Ángel

2 **En parejas** Lee estas dos propuestas de ocio para el domingo y completa los mensajes que se envían Susana y una amiga. Luego compara con tu compañero/a.

Concurso de fotografía

Lleva tu cámara instantánea y toma fotografías de una persona, un animal, un árbol y una flor. Entrégalas antes de las 19:00 horas del domingo en una de nuestras tiendas. A los autores de las mejores fotografías de cada sección les espera un regalo sorpresa.
Inscripción gratuita en www.rapidfoto.com

Ruta en bicicleta por el centro

Saca tu bici a la calle el próximo domingo y participa en la carrera popular del Día sin Carros. Salida a las 10 de la mañana desde la Plaza Central y recorrido de 20 km por las calles de la ciudad. Inscripción: $5.

www.bicletada-sincarros.org

Voy a...

bailar.

¿Quieres participar en un [1] .... el domingo?

Lo siento, no puedo. El domingo voy a participar en una carrera en bicicleta 🚲.

¡Qué pena! Va a ser muy divertido. ¿A qué hora empieza la carrera?

A las [2] ....

¡Ah, bueno! Entonces no hay problema porque el concurso termina a las [3] .... ¿Te apetece?

Sí, sale, ¿por qué no? ¿Y qué hay que fotografiar?

Pues hay que tomar fotos de [4] ...., [5] ...., [6] .... y [7] ....

Chévere 😊.

Vale. En la tarde te telefoneo y conversamos, que ahora tengo que pasear al perro. 🐕

¿Quién habla de planes?

☐ Ramón

☐ Susana

☐ Ángel

LÉXICO

Por frecuencia de uso:
Latinoamérica › conversar : *Tranquila, Nazarena, vamos a pensarlo y luego* **conversamos***.*
México › platicar : *Pero es con el celular en la mano como los niños y jóvenes de ahora* **platican***, ríen, manifiestan sus temores...*
España › hablar : *Marta Rodríguez* **habla** *con su hijo casi todos los días e incluso le ayuda con los deberes.*

2.1 **Todo el grupo** ¿Qué propuesta te gusta más a ti? ¿Por qué?

Palabras

1

En grupos pequeños Estos son algunos objetos que llevamos normalmente cuando vamos de excursión o a la playa. ¿Sabes cómo se llaman en español? Con tus compañeros/as de grupo, escribe el nombre correspondiente.

1 ....
2 ....
3 ....
4 ....
5 ....
6 ....
7 ....
8 ....
9 ....
10 ....
11 ....
12 ....
13 ....

1.1

En parejas ¿Qué otras cosas se pueden llevar de excursión? Piensa en las excursiones que haces normalmente y haz una lista con tu compañero/a.

LÉXICO

Latinoamérica y España **>** linterna : *El garaje está como boca de lobo. Tengo que comprarme una **linterna** para estos casos.*

México **>** lámpara : *Trae guantes, botas altas, un arnés en el pecho y una **lámpara** en el casco, que le protege la cabeza.*

Argentina **>** malla : *Marta se compró la **malla** de baño.*

España **>** bañador/traje de baño : *Regresábamos a casa con los **bañadores** todavía húmedos.*

1.2 [29]

Escucha la conversación entre Inma y una amiga suya sobre la excursión que va a hacer este fin de semana y completa la información del programa con lo que tiene que llevar.

TRAVESÍA EN KAYAK

2 días con acampada en el delta del Paraná (Rosario, Argentina) - $300/persona

Recorrido total de 25 km en dos etapas, con comidas incluidas.

En esta excursión vamos a:
- recorrer las áreas naturales más espectaculares del delta del Paraná;
- observar la flora y la fauna;
- acampar bajo las estrellas;
- bañarnos en el río.

Material necesario:
- ropa cómoda, [1] ...., [2] .... y chanclas;
- protector solar y [3] ....;
- calzado deportivo y ropa de cambio para la noche;
- linterna;
- [4] ....;
- binoculares.

2 **Todo el grupo** Lee los comentarios de estos estudiantes sobre lo que les gusta y lo que no les gusta hacer en la clase de español. ¿Con quién te identificas? ¿Por qué?

MATHILDA
(Suecia, 21 años)

"A mí me gusta mucho trabajar en parejas porque también aprendo mucho de mis compañeros. También me gusta conversar en clase y escribir mensajes en las redes sociales".

VLADISLAV
(Rusia, 24 años)

"Yo prefiero estudiar la gramática y el vocabulario en casa por internet. Hay muchas aplicaciones que son gratis. En clase me gusta conversar y hacer ejercicios".

AGNÈS
(Francia, 33 años)

"A mí me gusta ir a clase para escuchar y preguntar las dudas al profesor. También me gusta hacer las tareas en casa, leer libros y escribir mi diario en español".

JOSEPH
(Estados Unidos, 36 años)

"A mí me gusta repetir la lección en casa y hacer actividades interactivas en la computadora".

JOÃO
(Brasil, 29 años)

"Me gusta practicar mi español en cualquier situación y hacer intercambios de idiomas, pero odio hacer exámenes".

MAYLIN
(China, 19 años)

"Yo siempre busco en el diccionario las palabras que no entiendo, pero no es útil para entender los audios en clase. Por eso, mi profesora dice que tengo que escuchar la radio y ver más la tele para mejorar".

2.1 **En parejas** ¿Qué combinaciones de palabras se pueden hacer con estos verbos? Escríbelas en la tabla. Puede haber varias combinaciones posibles. Trabaja con tu compañero/a.

a un/a compañero/a | las tareas | comentarios | preguntas | en grupo | ejercicios la radio | música | al/a la profesor/a | una actividad | notas | gramática | con un/a nativo/a información en internet | un intercambio | de mis compañeros/as | palabras libros y revistas | mensajes | canciones | palabras en el diccionario | en clase | en parejas

Hacer	Conversar	Leer	Escribir	Escuchar	Preguntar	Aprender	Buscar	Trabajar
			a un/a compañero/a	a un/a compañero/a	a un/a compañero/a			

2.2 **En grupos pequeños** Y a ti, ¿qué te gusta hacer en la clase de español? ¿Qué no te gusta hacer? Utiliza las combinaciones de palabras anteriores.

Gramática

1 Ir a + infinitivo

- Para hablar de **planes y proyectos** en un futuro próximo puedes utilizar *ir a* + infinitivo:

  *Este fin de semana **voy a** ir a la playa.*

  También se usa esta estructura cuando algo va a ocurrir de manera inminente:

  *El tren **va a** salir.*

  Recuerda que el verbo *ir* es irregular en presente:
  voy, vas, va, vamos, vais, van.

- Para hablar del **futuro** puedes utilizar **marcadores temporales** como:
  - esta tarde/noche
  - este fin de semana/verano/lunes…
  - el próximo año/la próxima semana…
  - el año/la semana que viene…
  - el lunes, el martes…
  - en enero/febrero…
  - en verano/invierno…
  - mañana

  Con estos marcadores se puede usar el presente de indicativo para **hablar de futuro** cuando presentamos la información como algo seguro:

  *El domingo **almuerzo** con mis papás.*

> **Recuerda:**
> - Los días de la semana son *lunes, martes, miércoles, jueves, viernes, sábado* y *domingo*.
> - Los meses del año son *enero, febrero, marzo, abril, mayo, junio, julio, agosto, septiembre, octubre, noviembre* y *diciembre*.

> **Fíjate:**
> Las estaciones del año son *primavera, verano, otoño* e *invierno*.

1.1 En parejas Observa la imagen. ¿Qué va a hacer Silvia este fin de semana?

Este fin de semana Silvia…

1.2 Todo el grupo ¿Y tú? ¿Qué vas a hacer este fin de semana? Cuéntaselo a la clase.

2 Tener que + infinitivo

- Para expresar **obligación** o **necesidad** puedes utilizar *tener que* + infinitivo:

  Tengo que hacer las tareas para mañana. (Obligación)

  Tengo que ir al súper sin falta porque no hay nada en el refrigerador. (Necesidad)

  Recuerda que el verbo *tener* es irregular en presente: *tengo, tienes, tiene, tenemos, tenéis, tienen.*

2.1 Pablo es guía turístico. Consulta su agenda y escribe en tu cuaderno las cosas que tiene que hacer esta semana.

Lunes	Martes	Miércoles	Jueves	Viernes
10:00 Recoger al grupo de Japón en el aeropuerto.	11:00 Visita al museo arqueológico.	9:00 Visita guiada a la catedral.	9:30 Recorrido por el centro de la ciudad.	12:00 Llevar al grupo de Japón al aeropuerto.
Tarde Supermercado: leche, huevos, carne, pescado.	15:00 Recoger a los niños de la escuela. 17:30 Dentista.	17:30 Llevar a mamá a su médica.	**Tarde** Cumpleaños de Carlota: ¡¡telefonear!!	**Tarde** Comprar zapatos a los niños.

Ejemplo: *El lunes en la mañana Pablo tiene que...*

2.2 **En parejas** Escribe una lista con las cosas que tienes que hacer esta semana. Después compárala con la de tu compañero/a.

3 Querer + infinitivo

- Para expresar **deseos** puedes utilizar *querer* + infinitivo:

  El próximo año quiero trabajar menos y viajar más.

  Recuerda que el verbo *querer* es irregular en presente: *quiero, quieres, quiere, queremos, queréis, quieren.*

3.1 Relaciona los deseos con las personas de las imágenes.

a. Quieren ir al cine.
b. Quieren estudiar chino.
c. Quieren comer *pizza*.

d. Quieren ser cocineros.
e. Quieren beber algo.
f. Quieren acabar un proyecto.

g. Quieren hacer un pícnic.
h. Quieren hacer compras.
i. Quieren viajar.

3.2 **Todo el grupo** ¿Qué deseos tienes tú? Escribe en un papel tres cosas que quieres y dáselo a tu profesor/a. Él/Ella va a leer los deseos sin decir el nombre de la persona que los escribió. ¿De quién crees que son los deseos? ¿Por qué?

Practica en contexto

1 **En parejas** Félix es fotógrafo profesional y trabaja para una prestigiosa revista de naturaleza. Con tu compañero/a, lee la información y responde a las preguntas.

Destino: Parque nacional de los Picos de Europa (Asturias, España).

Objetivo: Tomar fotos de animales (oso pardo, lobo, cabra, etc.) para un reportaje.

Duración: 3 días.

Alojamiento: *Camping.*

Medio de transporte: Auto.

Material necesario: Cámara de fotos, mochila, casa de campaña, botas de montaña, ropa cómoda y de abrigo, linterna, binoculares, cuaderno de notas.

> Para **expresar necesidad** también puedes usar *necesitar* + nombre/infinitivo:
> *Félix necesita ropa de abrigo/abrigarse porque en la noche hace frío en la montaña.*

- ¿A dónde va a ir?
- ¿Cuántos días va a estar?
- ¿Cómo va a ir?
- ¿Dónde va a alojarse?
- ¿Qué tiene que hacer?
- ¿Qué necesita?

1.1 Escribe una entrada en el blog de Félix para contar lo que va a hacer.

 El blog de Félix Martes, 28 de noviembre

¡Me voy a los Picos de Europa!

¡Qué bien! Este fin de semana voy a ir a uno de los parques nacionales más lindos de España: los Picos de Europa. Allá voy a ....

....

....

Por cierto, necesito una casa de campaña, ¿alguien tiene una para prestarme?

¡Saludos a todos!

Publicado a las 15:02

1.2 **Todo el grupo** Este es un resumen de las condiciones climáticas y orográficas de los Picos de Europa. Léelo. ¿Crees que Félix tiene que llevar algo más? Justifica tus respuestas.

Picos de Europa es un grupo de montañas de paredes verticales situado en el norte de España, muy próximo al mar Cantábrico. Esa proximidad al mar le da unas características muy peculiares: son frecuentes las nieblas y los mares de nubes que quedan por debajo de nosotros cuando subimos a una cumbre. El viento húmedo provoca cambios de tiempo muy bruscos y a veces difíciles de predecir con exactitud. Además, hay que tener en cuenta que, durante el trayecto, no hay ningún lugar en el que poder comprar alimentos.

2 Lee la información de las actividades que se pueden hacer en República Dominicana este fin de semana y señala las afirmaciones verdaderas.

PISCINA NATURAL

Travesía por el mar Caribe hasta la famosa Piscina Natural (la más grande del mundo) para darse un baño y hacer esnórquel. Puedes contemplar el fondo marino y ver la popular estrella de mar caribeña.

- Duración de la visita: 1 día.
- Información práctica: la visita incluye traslado en lancha desde el hotel, equipo de esnórquel y almuerzo.
- $260 por grupo.

CHOCOLATE Y MÁS

Clase magistral sobre el chocolate en la dulcería César, en el centro de Santo Domingo. Escucha la historia del cacao, aprende algunos trucos y elabora tu propia tableta de chocolate de la mano de nuestra chef, Rosalía.

- Horarios: sábados en la tarde (17:00 h) y domingos en la mañana (10:00 h).
- Duración: 3 horas.
- Precio: $50 (el precio incluye clase y degustación).

RITMOS AFROCARIBEÑOS

Clases de merengue y bachata en Punta Cana, hotel Sol y Agua. Si te gusta bailar y quieres aprender estos ritmos afrocaribeños, ven a nuestro curso de fin de semana. Clases para principiantes y de perfeccionamiento. Grupos reducidos.

- Horarios: sábado de 10 a 13h y domingo de 16 a 19h.
- Precio: $70 una sesión, $100 curso completo de dos días.

1. ☐ En la excursión debes llevar el almuerzo.
2. ☐ La clase es impartida por una experta.
3. ☐ Las clases de baile duran tres horas cada día.

2.1 🔊 Escucha el audio y di qué plan le proponen a cada una de las personas y si lo aceptan o lo rechazan.

[30]

COMUNICACIÓN

Teniendo en cuenta la frecuencia de aparición de estas expresiones en el corpus, podemos encontrar algunas diferencias.

- Para proponer o sugerir planes:

  Argentina ❯ tener ganas de :
  ¿Tenés ganas de ver una película?

  México ❯ gustar : *¿Te gustaría ver una película?*

- Para aceptar una propuesta o invitación:

  Argentina ❯ Sí; De acuerdo; Ok; Buenísimo; (Está) Bárbaro :
  ▶ *¿Tenés ganas de ir al cine? ¿Qué te parece?*
  ▷ *Está bárbaro.*

  México ❯ Sí, claro; ¿Por qué no?; Sale, vamos :
  Sale, vamos, pero tengo que regresar temprano.

2.2 En parejas Piensa un plan para este fin de semana y propónselo a tu compañero/a. Él/Ella lo acepta o lo rechaza según su agenda y sus gustos.

2.3 En grupos pequeños Ahora piensa con tus compañeros/as de grupo en una excursión para este fin de semana. ¿Dónde van a ir? ¿En qué medio de transporte? ¿Qué van a hacer? ¿Dónde van a alojarse? ¿Qué cosas van a necesitar? Después cuéntenselo a la clase.

Preguntar por planes e intenciones

- **¿Va(s) a** + infinitivo?
  ¿Vas a estar acá el fin de semana?

- **¿Verbo en presente + marcador temporal de futuro?**
  ¿Haces algo mañana?

Proponer y sugerir planes

- **¿Quiere(s)** + infinitivo/nombre?
  ¿Quieres ir conmigo al teatro?

- **¿Te/Le apetece** + infinitivo/nombre?
  ¿Te apetece un paseo por el parque?

Aceptar una propuesta o invitación

- (Sí,) De acuerdo/ Sale, vamos/ Vale.
- De acuerdo.
- Bueno, pero…
- Sí, ¿por qué no?

Rechazar una propuesta o invitación

- **(No,) Lo siento, es que** + explicación
  ▶ *¿Quieres salir a tomar algo?*
  ▷ *No, lo siento, es que tengo que estudiar.*

Como puedes observar en el ejemplo anterior, cuando se rechaza una propuesta o invitación es necesario justificar el rechazo. Lo habitual es usar *es que*.

Para **expresar la intención de hacer algo en el futuro** puedes utilizar la estructura *pensar* + infinitivo:

El próximo año pienso estudiar francés.

Recuerda:

El verbo *pensar* es irregular en presente: *pienso, piensas, piensa, pensamos, pensáis, piensan.*

3 Hoy es 31 de diciembre y todas estas personas tienen muy buenas intenciones para el nuevo año. Léelas y relaciónalas con las fotos.

1. PEDRO
2. IVÁN
3. ESTHER
4. ABIGAIL
5. LAURA
6. RAMIRO

- "El próximo año pienso quitarme la barba".
- "El año que viene pienso tomar más comida sana".
- "El próximo año pienso dejar el tabaco".
- "El próximo año pienso ir al gimnasio".
- "El año que viene pienso perder unos kilos, que tengo sobrepeso".
- "Este año pienso ahorrar para cambiar de carro".

3.1 **Todo el grupo** ¿Qué intenciones tienes tú para el próximo año? Cuéntaselo a la clase.

3.2 Lee los comentarios de estas personas para saber qué costumbres tienen cuando reciben el año nuevo.

Puedes **expresar obligación o necesidad** de manera general con *hay que* + infinitivo:

En Uruguay hay que tirar los calendarios antiguos por la ventana.

 "En Japón hay que empezar el año sin deudas y con una casa purificada, así que unos días antes de Año Nuevo tenemos que ocuparnos de esos asuntos".

 "En México hay que usar ropa interior amarilla; y si quieres tener suerte en el amor, tienes que llevar ropa interior roja".

 "En Francia lo primero que hay que hacer al comenzar el año es besarse bajo unas hojas de muérdago".

 "En Uruguay hay que tirar los calendarios antiguos por la ventana y también hay que echar agua a la calle para alejar lo malo".

 "En España hay que tomar doce uvas a las doce de la noche. El número doce representa los doce meses del año y simboliza la prosperidad y los buenos deseos para el año que entra".

3.3 **Todo el grupo** ¿Hay en tu región o comunidad alguna costumbre especial la noche del 31 de diciembre? Cuéntaselo a la clase.

4 **En grupos pequeños** ¿Qué haces para aprender un idioma extranjero? Elabora con tus compañeros /as una lista de cinco consejos para aprender idiomas.

Para aprender bien un idioma…

- hay que conversar con nativos;
- ....
- ....
- ....
- ....

> Para **dar consejos** o **hacer sugerencias** puedes utilizar la estructura *hay que/tiene(s) que/puede(s)* + infinitivo.

4.1 **En grupos pequeños** El siguiente artículo da consejos para aprender idiomas. Compáralos con los de tu lista. ¿Cuáles coinciden?

7 consejos para aprender un idioma más rápido

Aprender idiomas es uno de esos propósitos de Año Nuevo que abandonamos con facilidad, como ir al gimnasio, perder peso o ahorrar. Si quieres aprender un idioma, estos trucos te pueden ayudar.

1 Hay que estudiar usando solo el idioma que estás aprendiendo.

2 Tienes que ver filmes o series y escuchar música o la radio en la lengua que estudias.

3 Tienes que buscar a una persona con la que conversar o hacer intercambio para practicar la lengua que aprendes.

4 Puedes usar aplicaciones móviles. Actualmente hay muchos juegos y aplicaciones para aprender idiomas.

5 Hay que relacionar lo que aprendes con tu idioma. Puedes relacionar las palabras de tu lengua materna con palabras de la lengua que estudias para recordarlas con más facilidad.

6 Hay que hablar desde el principio. No es necesario tener muchos conocimientos de una lengua para comunicarse.

7 Hay que imitar el acento de la lengua que aprendes. Para ello, tienes que escuchar a nativos y repetir lo que dicen imitándolos.

Adaptado de https://www.elconfidencial.com/alma-corazon-vida/2016-08-16/trucos-para-aprender-idiomas_1246231/

Contraste *por/para*

- Para expresar **causa** se usa *¿Por qué? Porque* + frase o *por* + nombre:
  - ▶ *¿Por qué estudias español?*
  - ▷ *Estudio español porque trabajo en Argentina.*
  - *Está en la cama por la fiebre.*
- Para expresar **finalidad** se usa *¿Para qué? Para* + infinitivo:
  - ▶ *¿Para qué quieres aprender español?*
  - ▷ *Quiero aprender español para viajar por Latinoamérica.*
- Además, con la preposición *por* se expresa **tiempo** o **lugar aproximado**:
  Voy de vacaciones por julio o agosto.
  ¿Está mi libro por acá?
- Además, con la preposición *para* se expresa un **plazo de tiempo** y **dirección**:
  Este ejercicio es para mañana.
  Vamos para la costa.

Dar una opinión o valorar

- (Yo) **Creo que…**
  Yo creo que aprender español uno solo no es fácil.
- *Es (muy/bastante/un poco)* + adjetivo de valoración (*útil, necesario, bueno, malo, difícil, fácil, aburrido, divertido…*)
  Es muy importante preguntar al profesor las dudas.

4.2 **Todo el grupo** ¿Qué opinas de los consejos del artículo anterior? ¿Estás de acuerdo?

> ▶ *Yo creo que estudiar usando solo el español es muy difícil.*
> ▷ *Pues yo creo que ver películas es muy divertido.*

4.3 **Todo el grupo** En una puesta en común de todos los consejos, elige con tus compañeros/as los 10 mejores para confeccionar un decálogo y exponerlo en clase.

VIAJAR POR LOS PARQUES NACIONALES
más bellos de Latinoamérica

1 **Todo el grupo** ¿Sabes qué es un parque nacional? ¿Cuál es el más famoso de tu país?

2 Lee el siguiente texto sobre el parque nacional Canaima (Venezuela).

HOY VAMOS A ADENTRARNOS EN
EL PARQUE NACIONAL CANAIMA

DATOS

- Está situado en el estado Bolívar, Venezuela.
- Se extiende sobre una superficie de 30 000 km².
- Es el sexto parque nacional más grande del mundo.

QUÉ VER

- **Los tepuyes.** Son mesetas elevadas de roca que ocupan el 65 % del parque.
- **El Salto Ángel.** Es el salto de agua más alto del mundo, generado desde el Auyantepuy, el tepuy más grande y famoso del parque. Mide 979 metros.

FLORA

A causa del clima frío de los tepuyes, muchas de las especies que habitan allá son exclusivas de este lugar. Un ejemplo es la *Orectanthe sceptrum*, de hojas verdes y azuladas, alargadas y terminadas en punta, que se puede ver en las cumbres de los grandes tepuyes. Existen también algunas plantas carnívoras, como la *Heliamphora chimantensis* y la *Drosera roraimae*.

FAUNA

Podemos encontrar muchos animales como pumas, jaguares, osos hormigueros, colibríes, anacondas, nutrias… También hay más de 90 especies de sapos y ranas, pero una de las más curiosas es la pequeña rana negra del Roraima. Mide unos 2 cm y se puede encontrar en la cima del tepuy Roraima, de ahí su nombre.

El salto Ángel

Fíjate:
Las palabras que terminan en **-y** tienen el plural en **-yes**:

    tepuy › tepu**yes**   rey › re**yes**

Pero:

    jersey › jers**éis**   espray › espr**áis**

Anaconda

Colibrí

Planta carnívora *Drosera roraimae*

Planta carnívora *Heliamphora chimantensis*

Jacuzzis del monte Roraima

Orectanthe sceptrum

Oso hormiguero

Nutria

Puma

Rana negra del Roraima

NO TE PUEDES IR SIN CONOCER...

Las piscinas naturales en lo alto del monte Roraima, una maravilla de la naturaleza. Se trata de una cadena de lagos conectados que parecen grandes tinas o *jacuzzis*. En ellas se puede disfrutar de un baño muy agradable.

3 **En grupos pequeños** Ponte de acuerdo con tus compañeros/as y elige uno de los parques nacionales de la lista que te damos. Después busca información sobre él en internet, completa la ficha y preséntaselo a la clase.

- Parque nacional Galápagos
- Parque nacional de Tortuguero
- Parque nacional Los Glaciares

Datos

Localización:

Extensión:

Qué ver

Flora:

Fauna:

No te puedes ir sin conocer...

HOSTAL *Babel*

Antes del video

1 **Todo el grupo** Los amigos del hostal están celebrando una fiesta. Fíjate en la imagen, en el título del episodio y en lo que hay en las copas. ¿Sabes qué fiesta es? Justifica tu respuesta.

2 **En parejas** Acá tienes algunas imágenes relacionadas con tradiciones de Argentina, España y México para festejar el último día del año y celebrar la llegada del año nuevo. ¿A qué tradición crees que se refieren?

Barrer la casa.

LÉXICO

Argentina, Paraguay y Uruguay › bombachas : *Calzoncillos para nosotros y bombachas para Laura tenemos.*

México, Honduras, Perú y Chile › calzón : *Ahora Zoe camina por su casa descalza, con un calzón blanco y una camiseta gris.*

España › bragas : *Al irse, Rebeca se deja la mayoría de sus cosas: vestidos, zapatos, blusas, abrigos, bragas, medias…*

2.1 En Argentina, según dice Carla, ese día es costumbre regalarse entre mujeres "bombachas rosadas" para tener buena suerte. En tu región o comunidad, ¿existe esta costumbre?

Durante el video

3 Visiona el fragmento 00:30 ◯ 03:36, comprueba tus hipótesis anteriores y relaciona las tradiciones con su finalidad.

1. Barrer la casa…   a. para tener un buen año.
2. Poner dinero en los zapatos…   b. para eliminar malas energías y atraer buenas vibraciones.
3. Estrenar ropa…   c. como símbolo de purificación y para tener buena salud.
4. Tomar doce uvas…   d. para viajar mucho durante el año.
5. Usar ropa blanca…   e. para atraer la prosperidad económica.
6. Caminar con una valija…   f. para tener buena suerte.

4 Visiona ahora el fragmento donde Tere nos va a contar sus planes para Nochevieja (03:37 ◯ 05:00). Luego responde a las preguntas.

1. ¿Qué quiere hacer Tere? ....
2. ¿A dónde va a ir? ¿Qué va a hacer? ....
3. ¿Quiénes van a salir de fiesta esta noche? ....
4. ¿Qué va a hacer Carla? ¿Por qué? ....

5 En el último fragmento (05:00 ◯ final), Leo, Carla, Tere, Bea y Hugo van a contarnos sus planes, proyectos e intenciones para el año nuevo. Visiónalo y luego escribe los planes de cada uno.

LEO ....

CARLA ....

TERE ....

BEA ....

HUGO ....

Después del video

6 **En parejas** Durante el video, Leo hace este gesto con las manos. ¿Qué crees que significa? Marca las frases que mejor se corresponden con este gesto.

☐ ¿Pero qué pasa?   ☐ ¡Yo también quiero ir!
☐ ¿Qué horas son?   ☐ Todo está bárbaro.
☐ Este es mi amigo Hugo.   ☐ Tengo hambre.
☐ ¿Dije algo inconveniente?   ☐ ¡No entiendo nada!

6.1 **En parejas** ¿Con qué gestos se representan las frases que no seleccionaste en la actividad anterior?

7 **En grupos pequeños** ¿Y tú? ¿Cómo celebras la Nochevieja en tu región o comunidad? Cuéntaselo a tus compañeros/as.

Evaluación

1 Observa estas situaciones. ¿Qué va a pasar?

| estornudar | tener un bebé | explotar | llover | operar |

1. El globo ....
2. La mujer ....
3. Los médicos .... al paciente.
4. La mujer ....
5. .... en el campo.

2 Completa las frases según tus planes o intenciones para estos momentos futuros.

1. Esta noche ....
2. Este fin de semana ....
3. La próxima semana ....
4. Mañana ....
5. El mes que viene ....
6. El próximo año ....

3 Imagina que hoy es 31 de diciembre. ¿Cuáles son tus intenciones y deseos para el próximo año?

....
....
....
....
....

4 Escribe dos consejos para cada una de estas preguntas.

1. ¿Qué hay que hacer para conocer bien a la gente de tu región o comunidad?
   Consejo 1: ....
   Consejo 2: ....
2. ¿Qué tienes que hacer para conseguir un buen trabajo?
   Consejo 1: ....
   Consejo 2: ....
3. ¿Qué hay que hacer para ser un buen amigo?
   Consejo 1: ....
   Consejo 2: ....

5 Observa las imágenes. ¿Qué cosas tiene que hacer Luis antes de la fiesta de cumpleaños de su hija Gema?

Limpiar   la mesa.
Preparar   la casa.
Poner   +   la torta.
Comprar   la cena.

6 Clasifica las expresiones en la tabla.

¿Te apetece ver una exposición este fin de semana? | ¿Vas a salir?
¿Por qué no? | Sale, vamos. | ¿Quieres ir a bailar esta noche? | De acuerdo.
Lo siento, no puedo. | Sí, vale. | No, es que tengo que estudiar. | ¿Qué haces mañana?

Preguntar por planes e intenciones	Proponer un plan	Aceptar un plan	Rechazar un plan

7 Completa con el verbo *ir*, *querer* o *tener* en la forma adecuada.

1. Este año Candela y Flora .... viajar a Venezuela para ver los tepuyes.

2. Mañana .... que telefonear a mi amiga Sonia porque es su cumpleaños.

3. La próxima semana mis papás .... a ir al teatro.

4. Amanda, Luis, ¿........................ cenar conmigo esta noche?

5. Chema no .... a salir este fin de semana porque .... que estudiar.

6. Bea no .... hablar conmigo.

7. Jorge y Lidia .... que aprender italiano porque el próximo año .... a estudiar en Roma.

8 Relaciona las palabras de las columnas.

1. oso   a. nacional
2. parque   b. de agua
3. planta   c. hormiguero
4. salto   d. carnívora

8.1 Busca en esta sopa de letras los nombres de cinco animales que podemos encontrar en el parque nacional Canaima.

F	I	O	R	H	O	L	P	I	O
O	L	N	P	L	E	I	Z	N	T
J	A	G	U	A	R	O	F	A	A
C	R	D	E	T	N	S	R	N	B
C	O	L	I	B	R	I	A	L	S
U	T	Y	G	F	T	I	N	O	E
A	D	N	O	C	A	N	A	S	N
C	U	L	E	Z	I	N	O	I	T
L	A	J	Z	A	O	R	C	N	L

9 Después de estudiar esta unidad, ¿qué otras estrategias tienes para aprender español? ¿Cuál te parece más útil?

Unidad

8

¿Qué le pasa al hombre de la foto? ¿Le duele algo?

¿Haces ejercicio? ¿Cuándo?

¿Utilizas a menudo las máquinas de venta automática? ¿Qué sueles comprar en ellas?

¿Qué crees que significa el gesto que hace la joven de la fotografía?

Cuídate

En esta unidad vas a. . .

- ▶ Hablar de enfermedades, dolencias y síntomas
- ▶ Hablar de los estados de ánimo
- ▶ Dar consejos, órdenes e instrucciones
- ▶ Pedir permiso, objetos y favores
- ▶ Aceptar y denegar peticiones
- ▶ Conocer a Gino Tubaro y Atomic Lab

¿Qué sabes?

1 **En parejas** ¿Conoces las partes del cuerpo humano? Con tu compañero/a, completa la imagen con las palabras que faltan. Puedes usar el diccionario.

1. ....
2. ....
3. ....
4. ....
5. ....
6. ....
7. ....
8. ....
9. ....
10. ....
11. ....
12. ....
13. ....
14. ....
15. ....
16. ....

1.1 Ahora gira el libro y comprueba tus respuestas.

1. cabeza	5. ojo	9. pecho	13. pierna
2. pelo	6. nariz	10. mano	14. pie
3. cara	7. boca	11. dedo	15. brazo
4. oreja	8. cuello	12. estómago	16. espalda

LÉXICO

Hablamos de panza , barriga o vientre para referirnos a la parte del cuerpo correspondiente al abdomen : —*Aquí, hijo, aquí me hizo la herida.* —*¿En el **vientre**, abuela?*

Latinoamérica ‣ panza : *MAMÁ: Le duele la **panza**.*

España ‣ barriga : *Es que me duele la **barriga**.*

2 **En grupos pequeños** ¿Cuáles de estos productos encuentras habitualmente en las máquinas de venta automática? ¿Qué otros productos se venden en las máquinas de tu país, región o comunidad?

chocolate

galletas de chocolate

dulces

papas fritas

palitos de pan

gomitas

refrescos con azúcar

sándwiches

jugos

2.1 **Todo el grupo** Lee este titular. ¿Qué te parece la iniciativa de estas escuelas?

14 SEPT

Varias escuelas quieren cambiar los productos de la máquinas de venta automática por fruta y alimentos saludables

Quieren aplicar medidas contra la obesidad infantil en sus centros escolares.

2.2 **En parejas** Imagina que tienes que decidir qué cosas se pueden comprar en las máquinas de venta automática. Habla con tu compañero/a y confecciona tu lista ideal de productos.

....

....

....

....

....

....

2.3 **Todo el grupo** Ahora presenta la propuesta a tus compañeros/as y entre todos elegid la mejor de todas.

LÉXICO

Latinoamérica ➤ jugo : *Sobre una mesa con mantelito blanco hay vasos con **jugo** de naranja, platos con huevos cocidos, panes tostados y tazas de café.*

España ➤ zumo : *Jamás prueba el alcohol, solo agua y **zumo** de naranja.*

Latinoamérica ➤ sándwich , emparedado :
*¿No le vas a echar algo más a tu **sándwich**? Está resimple.*
*Primero tomaron café, aparecieron algunos **emparedados**, masas frescas de hojaldre, frutas…*
España ➤ sándwich : *Anda, corre, ve a la cocina, por si ya están los **sándwiches** de la mesa 3.*

Palabras

1 **En parejas** ¿Con qué partes del cuerpo relacionas estas palabras? Puedes usar el diccionario.

crema hidratante	aretes	jabón	gorro	bufanda
pantalones	tenis	guantes	anillo	bolsa	lápiz labial
rímel	mochila	pañuelo de papel

Ejemplo: *crema hidratante* › *cara/cuerpo*

1.1 **En parejas** Con tu compañero/a, piensa en cinco palabras relacionadas con cinco partes del cuerpo. La clase tiene que adivinar a qué parte del cuerpo se refiere cada palabra.

1.2 🔊 Escucha y escribe la parte o partes del cuerpo que se mencionan.

[31]
1. ....
2. ....
3. ....
4. ....

2 **En parejas** Observa los gestos de estas personas y responde a las preguntas. Trabaja con tu compañero/a.

1. ¿Quién está triste?   Foto: ....
2. ¿Quién está nervioso/a?   Foto: ....
3. ¿Quién está aburrido/a?   Foto: ....
4. ¿Quién está contento/a?   Foto: ....
5. ¿Quién está enojado/a?   Foto: ....
6. ¿Quién está asustado/a?   Foto: ....
7. ¿Quién está preocupado/a? Foto: ....
8. ¿Quién está tranquilo/a?   Foto: ....

👉 Fíjate:
Usamos *estar* para hablar de los estados físicos y de ánimo y *ser* para describir el carácter de personas: *Francisco **es muy tranquilo**, pero hoy **está muy nervioso** porque mañana tiene una prueba.*

2.1 **Todo el grupo** De los estados de ánimo anteriores, ¿cuáles son positivos? ¿Y negativos? ¿Utilizas algún gesto concreto para expresarlos? Muéstraselo a la clase.

LÉXICO

Latinoamérica › enojado/a : *Estás **enojada** con Clara porque es una muchacha independiente, ¿no?*
España › enfadado/a : *... pero Andrés está muy **enfadado, enfadado** de verdad, y Elena tiembla de miedo.*

3 ¿Qué les pasa a las personas de las imágenes? Completa las frases con estas palabras.

la espalda | tos | los ojos | fiebre | la cabeza | el estómago | cansado/a

1. Le duele ....

2. Tiene ....

3. Está ....

4. Le duele ....

5. Le pican ....

6. Le duele ....

7. Tiene ....

3.1 **En parejas** Clasifica las siguientes palabras para formar expresiones relacionadas con síntomas o enfermedades. En algunos casos puede haber más de una opción.

gripe | enfermo/a | tos | la cabeza | bien | mal | los ojos | alergia | dolor de cabeza | malo/a
un oído | cansado/a | fiebre | un resfriado | dolor de espalda | mareado/a | las muelas | la garganta
dolor de estómago | la nariz | vómitos | las piernas | el cuello | mareos | la espalda | los brazos

Tiene	Le duele/duelen	Le pica/pican	Está/Se siente

- Los verbos *doler* y *picar* se construyen como el verbo *gustar*, en 3.ª persona de singular o plural:
    Le duele la cabeza.   *Le pican* los brazos.

  Son equivalentes a las expresiones *tener dolor de* y *tener picor de*, respectivamente:
    Le duelen los oídos. = *Tiene dolor de* oídos.
    Le pican los ojos. = *Tiene picor de* ojos.

- Lo mismo ocurre con verbos específicos como *marearse, toser* y *vomitar*:
    Se marea. = Tiene mareos.   *Tose. = Tiene tos.*   *Vomita. = Tiene vómitos.*

3.2 **En parejas** Pregúntale a tu compañero/a cómo se siente en estas situaciones.

¿Cómo te sientes cuando...

no duermes? .... ves mucho tiempo la tele? ....

haces un viaje largo en avión? .... llevas muchas horas sin comer? ....

estás muchas horas sentado/a? .... estudias toda la noche? ....

caminas muchas horas? .... manejas muchas horas? ....

Ejemplo: *Cuando no duermo me pican los ojos y me duele la cabeza.*

Gramática

1 Imperativo afirmativo

Usamos el imperativo para **dar instrucciones**, **órdenes** y **consejos**.

- **Verbos regulares**

	Hablar	Beber	Abrir
tú	habla	bebe	abre
usted	hable	beba	abra
vosotros/as	hablad	bebed	abrid
ustedes	hablen	beban	abran

- **Verbos con irregularidades vocálicas**

	Empezar (e > ie)	Volver (o > ue)	Pedir (e > i)
tú	empieza	vuelve	pide
usted	empiece	vuelva	pida
vosotros/as	empezad	volved	pedid
ustedes	empiecen	vuelvan	pidan

> Fíjate:
> Las irregularidades del imperativo son las mismas que las del presente (e > ie, o > ue, e > i) en las formas *tú*, *usted* y *ustedes*.

- **Otros verbos irregulares**

	Ser	Tener	Hacer	Poner
tú	sé	ten	haz	pon
usted	sea	tenga	haga	ponga
vosotros/as	sed	tened	haced	poned
ustedes	sean	tengan	hagan	pongan

	Ir	Venir	Salir	Decir
tú	ve	ven	sal	di
usted	vaya	venga	salga	diga
vosotros/as	id	venid	salid	decid
ustedes	vayan	vengan	salgan	digan

Ten, para ti.

- Algunos verbos sufren cambios ortográficos en las formas de *usted* y *ustedes*. Son los verbos terminados en:

  - **-car:** bus**car** > bus**qu**e, bus**qu**en
  - **-ger, -gir:** ele**gir** > eli**j**a, eli**j**an
  - **-gar:** car**gar** > car**gu**e, car**gu**en
  - **-zar:** empe**zar** > emp**iec**e, emp**iec**en

- Los verbos reflexivos en imperativo llevan el pronombre correspondiente detrás del verbo y unido a él: *levantarse* > *levántate*, *levántese*, *levantaos*, *levántense*.

GRAMÁTICA

- En las zonas voseantes de Latinoamérica, el imperativo tiene una forma propia para la persona vos (*hablá, bebé, abrí, empezá, volvé, elegí, tené, hacé, poné, vení, salí, decí…*): *Empezá vos, por favor./Comé, comé, está muy bueno.*
- El verbo ir (imperativo ve) no suele utilizarse en esta zona y se usa andá (verbo andar): *Andá, que es tarde.*
- La forma vosotros/as que, como ya sabes, se usa en España, es siempre regular. Además, en los verbos reflexivos pierde la -d- antes del pronombre: *levantad̶os* > *levantaos*.

1.1 Completa las frases con el verbo en imperativo.

► Muchachos, [1] .... (hablar) más alto, por favor, que no los oigo bien.

▷ Por supuesto, [2] .... (disculpar, usted).

► ¿Y qué hago ahora, papá?

▷ Ahora [3] .... (poner, tú) un poco de azúcar y luego [4] .... (añadir, tú) los huevos.

[5] .... (Escoger, ustedes) una pareja de baile y [6] .... (practicar, ustedes) el paso nuevo.

Esta noche vamos a cenar fuera. Se queda a dormir la tía, así que [7] .... (ser, tú) buena, [8] .... (portarse, tú) bien y [9] .... (hacer, tú) caso a tu tía.

Ahora [10] .... (girar, tú) en la siguiente calle y [11] .... (ir, tú) despacito. [12] .... (Tener, tú) mucho cuidado en el cruce, que hay mucho tráfico.

[13] .... (Beber, usted) más agua, [14] .... (tomar, usted) las tabletas y [15] .... (volver, usted) dentro de una semana para ver qué tal.

2 Pronombres de objeto directo

- Muchos verbos llevan un complemento (que puede ser una persona o un objeto) llamado **objeto directo**. Cuando este complemento ya se mencionó anteriormente, se sustituye por un pronombre. Los pronombres de objeto directo son:

yo	⟩	**me**	nosotros/as	⟩	**nos**
tú	⟩	**te**	vosotros/as	⟩	**os**
él, ella, usted	⟩	**lo/la**	ellos, ellas, ustedes	⟩	**los/las**

*Mi amiga **Vanessa** vive muy cerca de mi casa. **La** veo todos los días en la calle.*

- El objeto directo va normalmente antes del verbo. Sin embargo, con el imperativo, el infinitivo y el gerundio el pronombre de objeto directo siempre se coloca **a continuación** del verbo formando una sola palabra con él:

  *Toma **el libro** y déja**lo** encima de la mesa, por favor.*

  *Faltan dos **regalos**. Tienes que comprar**los** hoy.*

  *Me encanta este **libro**. Estoy leyéndo**lo** muy rápido.*

2.1 Completa los diálogos con el pronombre de objeto directo adecuado.

1. ► ¿Tienes tú las llaves del carro?
   ▷ No, ... tiene mamá.

2. ► ¿Puedes prestarme el diccionario?
   ▷ Claro, tóma..........

3. ► ¿Cómo quieres el café?
   ▷ .... quiero con leche, por favor.

4. ► ¿Tienes ya los regalos de Navidad?
   ▷ No, aún no. Voy a comprar.......... hoy.

5. ► ¿Me prestas la cámara de fotos?
   ▷ Un momento. Es que ahora estoy usándo..........

6. ► ¿Puedo hacer las tareas mañana?
   ▷ No, haz.......... ahora.

7. ► ¿Tú llevas lentes?
   ▷ Sí, pero solo .... utilizo para leer.

8. ► ¿Tú visitas a tus abuelos?
   ▷ Sí, por supuesto, ... veo una vez al mes.

Practica en contexto

Describir un movimiento

Para **describir un movimiento** o **postura** es habitual usar el imperativo de los siguientes verbos seguido del nombre de una parte del cuerpo:

- **Apoyar, poner** la cabeza, la espalda… **en**…
- **Extender, estirar** ≠ **Flexionar, doblar** las piernas, los brazos, las rodillas…
- **Juntar** las manos, los pies, las rodillas…
- **Pararse** ≠ **Tumbarse** (en el piso)
- **Cruzar** las manos, los pies…

1 **En parejas** Estos son algunos ejercicios básicos para mantenerse en forma. Relaciona cada uno con su imagen correspondiente.

① ☐

② ☐

③ ☐

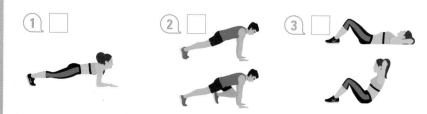

④ ☐

⑤ ☐

⑥ ☐

a. plancha
b. flexiones
c. sentadillas
d. escalador
e. zancada
f. abdominales

1.1 🔊 Ahora escucha el audio y comprueba tu respuesta.

[32]

1.2 **En parejas** Elige una de estas posturas de yoga y descríbesela a tu compañero/a siguiendo el modelo del audio anterior. Él/Ella debe identificar de qué postura se trata.

LÉXICO

Latinoamérica › parar(se) significa 'poner(se) de pie': *¡Párate ya de la mesa, muchacho! ¿No ves que tengo que limpiarla?*
España › parar significa 'detener el movimiento': *Párate en el quiosco de la Puerta de Alcalá y cómprame los periódicos, por favor.*

2 **En grupos pequeños** ¿Y tú? ¿Vas al gimnasio? ¿Haces deporte? ¿Qué beneficios crees que tiene el ejercicio y el deporte en la vida de las personas?

3 **En parejas** Acá tienes algunos consejos para dormir bien y para llevar una dieta equilibrada. Decide cuáles corresponden a cada fin. Fíjate en los ejemplos.

	Dormir bien	Llevar una dieta equilibrada
1. (Dormir) en un lugar completamente oscuro y sin ruidos.	✓	☐
2. (Comer) de todo, pero en su justa medida y cinco veces al día.	☐	☐
3. (Hacer) ejercicio a diario.	☐	☐
4. (Evitar) ver la televisión, trabajar o usar el celular en la cama.	☐	☐
5. (Reducir) el consumo de alimentos precocinados y de dulces.	☐	☐
6. (Tomar) algo caliente (una infusión, por ejemplo) antes de acostarte.	☐	☐
7. (Planificar) lo que vas a comer.	☐	✓
8. (Ir) al baño antes de acostarte.	☐	☐
9. (Mantener) los dispositivos electrónicos alejados de la cama.	☐	☐
10. (Cocinar) los alimentos a la plancha, al vapor, hervidos o al horno.	☐	☐

3.1 **En parejas** Ahora escribe los consejos utilizando las diferentes estructuras que ya conoces.

1. ....
2. ....
3. ....
4. ....
5. ....

1. ....
2. ....
3. ....
4. ....
5. ....

Dar consejos

Además del **imperativo**, puedes usar:
- *Tener que* + infinitivo
  Tienes que ir al doctor ahora mismo.
- *Hay que* + infinitivo (para dar consejos de manera general)
  Con el resfriado hay que beber agua.
- *Deber* + infinitivo
  Debe usted ir a casa y hacer reposo.

👉 Recuerda:
Estas tres estructuras se usan también para expresar obligación.

- *Poder* + infinitivo
  Puedes hacer algo de ejercicio para ayudar a la dieta.

👉 Recuerda:
Esta estructura se usa también para expresar posibilidad.

- *Te/Le recomiendo/aconsejo* + infinitivo
  Te recomiendo tomar miel con limón para la garganta.

3.2 Escucha lo que les pasa a estas personas y piensa qué consejos puedes darles para solucionar sus problemas.
[33]

4 **Todo el grupo** ¿Hay muchas máquinas en tu entorno (casa, barrio, trabajo, escuela…)? ¿Qué máquinas son? ¿Recuerdas alguna de las instrucciones que dan?

4.1 Lee las instrucciones de las siguientes máquinas y complétalas con las frases que te damos. ¿Sabes cómo se llaman en español estas máquinas?

> Meta la ropa. | Retire la tarjeta. | Seleccione la bebida. | Teclee su clave.
> Elija el programa de lavado. | Retire la bebida.

- Introduzca la tarjeta.
- Espere un momento, por favor.
- [1] ....
- Seleccione la operación deseada (retiro o depósito de efectivo, consulta de saldo…).
- Introduzca el importe.
- [2] ....
- Retire el dinero.

- Abra la puerta.
- [3] ....
- Cierre la puerta.
- [4] ....
  ....
- Inserte el importe.
- Pulse el botón "Inicio".

- Introduzca las monedas.
- [5] ....
  ....
- Espere mientras se prepara la bebida.
- [6] ....
  ....

1. Es un/a ....   2. Es un/a ....   3. Es un/a ....

4.2 **En parejas** Pregúntale a tu compañero/a cómo funcionan las siguientes máquinas y escribe las instrucciones.

Estudiante **A**

Horno microondas

Instrucciones de uso

....
....
....

Estudiante **B**

Cafetera

Instrucciones de uso

....
....
....

Para hacer un café en una cafetera de cápsulas…

- Pulsar el botón de encendido.
- Llenar el depósito de agua.
- Introducir la cápsula.
- Poner la taza.
- Seleccionar el tipo de café (corto o largo).

Para calentar la comida en el microondas…

- Abrir la puerta.
- Meter el alimento.
- Seleccionar la temperatura.
- Seleccionar el tiempo.
- Pulsar el botón de encendido.

5 Fíjate en las siguientes imágenes y marca si la persona pide un objeto, pide un favor o pide permiso.

① ¿Puedes ayudarme a llevar estas cajas? Es que pesan mucho.

② ¿Puedo cerrar la ventana? Es que hay mucho ruido.

③ ¿Me prestas el cargador? Tengo que cargar la batería.

④ ¿Puedo tomar una manzana? Es que tengo mucha hambre.

	Imagen 1	Imagen 2	Imagen 3	Imagen 4
Pide un objeto.	☐	☐	☐	☐
Pide un favor.	☐	☐	☐	☐
Pide permiso.	☐	☐	☐	☐

5.1 **En parejas** Lee estas situaciones y represéntalas con tu compañero/a según la instrucción dada.

Estudiante **A**

1. Estás en casa de un/a amigo/a. Tienes mucha sed y quieres beber agua.

2. Tu amigo/a necesita una moneda para comprar una bebida. Tú no tienes dinero.

3. Tu compañero/a de departamento está viendo la tele con el volumen muy alto y tú quieres estudiar.

4. Trabajas en una oficina y una persona te pregunta si puede usar el aseo. Tú aceptas.

5. Trabajas en una biblioteca y tienes que colocar muchos libros en las estanterías. Pide ayuda a tu compañero/a.

Estudiante **B**

1. Tu amigo/a y tú están en tu casa. Tu amigo/a quiere un vaso de agua. Tú aceptas.

2. Quieres un refresco de una máquina de venta automática, pero no tienes monedas. Pide dinero a tu amigo/a.

3. Estás viendo la tele con unos amigos. Tu compañero/a de departamento te pregunta si puedes bajar el volumen porque quiere estudiar. Tú aceptas.

4. Estás esperando para hacer una entrevista de trabajo y necesitas ir al aseo porque estás nervioso/a. Pide permiso al/a la recepcionista.

5. Trabajas en una biblioteca. Tu compañero/a te pide ayuda con los libros. Tú no aceptas porque estás atendiendo al público.

Pedir un favor
- *(Por favor,) ¿Puede(s) + infinitivo?*
  Por favor, ¿puedes ayudarme a hacer las tareas?

Pedir un objeto
- *(Por favor,) ¿Tiene(s) + nombre?*
- *(Por favor,) ¿Me da(s)/presta(s)/deja(s) + nombre?*
  ¿Me prestas un bolígrafo, por favor?

Pedir permiso
- *¿Puedo + infinitivo?*
  ¿Puedo ir al aseo?

Aceptar una petición
- **Sí, claro./por supuesto.**
- *Sí, + imperativo*
  ▶ *¿Puedo entrar?*
  ▷ *Sí, pasa, pasa.*

 Fíjate:
Es habitual repetir el imperativo para conceder permiso.

Denegar una petición
- **No, lo siento, es que…**
  ▶ *¿Me prestas el diccionario? Es que el mío está en casa.*
  ▷ *No, lo siento, es que lo necesito yo.*

 Fíjate:
Es muy habitual dar una excusa o una justificación cuando pedimos algo o cuando no aceptamos una petición.

GINO TUBARO y ATOMIC LAB

1 **En parejas** Observa las imágenes. ¿Qué están haciendo estas personas? ¿Qué tienen en común? Coméntalo con tu compañero/a.

2 **En grupos pequeños** Vas a leer un texto sobre el joven Gino Tubaro y su iniciativa Atomic Lab. Antes observa la portada de su libro, ¿a qué crees que se dedica?

2.1 Lee el texto y comprueba tu respuesta anterior. Usa el diccionario si lo necesitas.

Gino Tubaro es un joven inventor nacido en 1995 en Buenos Aires, Argentina.

Con solo 15 años consigue una beca para estudiar Robótica y Electrónica en la prestigiosa Escuela ORT. En 2012, junto con un compañero, arman la primera impresora 3D. En ese momento les llega un mensaje de la mamá de Felipe, un niño de 11 años que, por faltarle una mano, sufre acoso escolar.

El modelo de mano que fabrican para Feli es todavía muy sencillo, pero a él le cambia la vida. A partir de entonces empiezan a mejorar el proyecto y hoy en día Gino Tubaro lidera la producción de prótesis ortopédicas impresas en 3D.

> "Soy inventor, prefiero hacer más que contar"

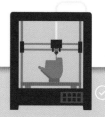

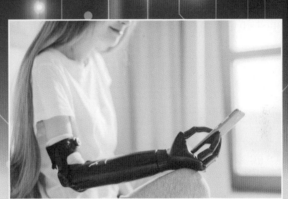

En 2015 funda su ONG Atomic Lab, con la que reparte prótesis gratuitas a miles de personas con pocos recursos. Además, su red Embajadores Atómicos permite a voluntarios descargar el archivo de las diferentes prótesis e imprimir manos y brazos en distintas partes del mundo.

> "Con muy poco podemos cambiar la vida de una persona, que puede escribir, volver a tocar la guitarra, pescar o andar en bicicleta por primera vez"

Con un currículum brillante y ganador de prestigiosos premios, Gino decidió dejar su cómodo trabajo para el Estado y utilizar la tecnología de modo solidario. Con Atomic Lab, y gracias a las donaciones que recibe, se dedica a inventar soluciones para las personas que más las necesitan. Entre sus inventos encontramos un "braille dinámico" que permite leer libros sin digitalizarlos o la impresión de cierres para el cordón umbilical de los recién nacidos, lo que supone salvar muchas vidas en los lugares más pobres del planeta.

Adaptado de https://redshift.autodesk.es/atomic-lab/ y http://www.ginotubaro.com/

3 **Todo el grupo** ¿Qué información sobre Gino Tubaro te parece más interesante? ¿Conoces alguna iniciativa parecida? ¿Qué imprimirías tú en 3D para facilitar la vida de las personas?

HOSTAL *Babel*

Antes del video

1 **En parejas** Fíjate en esta escena del episodio de hoy. ¿Qué pasa? ¿Cómo se sienten los personajes? Utiliza estos adjetivos para describir su estado de ánimo. Hay un adjetivo que no es adecuado. ¿Cuál?

preocupado/a	enfermo/a
contento/a	nervioso/a
tranquilo/a	

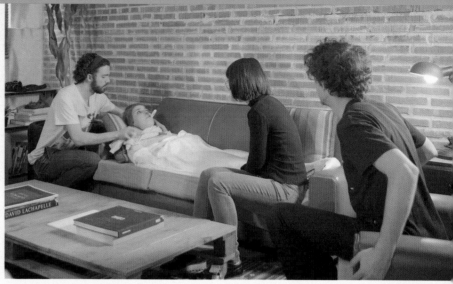

2 **En parejas** Teniendo en cuenta las hipótesis anteriores, ¿qué crees que va a pasar en el episodio de hoy? Discútelo con tu compañero/a.

Durante el video

3 **En parejas** Visiona el primer fragmento del episodio (00:30 ► 02:00) y responde a las siguientes preguntas.

> Fíjate:
> En España a la comida chatarra se le llama *comida basura*.

1. ¿Qué le duele a Leo? ¿Por qué? ....
2. ¿Qué tipo de comida toma normalmente Leo? ....
3. ¿Qué alimentos no toma Leo nunca? ....

3.1 ¿Recuerdas quién que da estos consejos a Leo? Marca si es Hugo o Carla. Luego visiona el fragmento 01:22 ► 02:00 para comprobar tu respuesta.

No debes comer eso.
Tenés que alimentarte bien.
En serio, hacele caso.
Tienes que comer más proteínas y sobre todo mucha verdura.
¡No podés comer solo papas fritas!
Vos hacenos caso y comé bien.

3.2 ¿Qué te ayuda a diferenciar los consejos de Carla de los de Hugo? ¿Recuerdas cómo se llama este fenómeno lingüístico? ¿En qué países es más frecuente? ¿Es para un trato formal o informal?

4 **Todo el grupo** Visiona el fragmento 02:00 ⊙ 03:23 sin sonido. ¿Qué crees que le pasa a Tere? ¿Qué síntomas tiene?

4.1 **En grupos pequeños** Ahora vuelve a visionar el fragmento sin sonido e imagina con tus compañeros/as el diálogo que mantienen. Ayúdate de los gestos que hacen los personajes para escribirlo. Luego cada uno de ustedes pone la voz a un personaje y lo representa.

4.2 **Todo el grupo** Visiona ahora el fragmento con sonido. ¿Qué grupo tiene un diálogo más cercano al original?

4.3 **Todo el grupo** Todos están preocupados por Tere y Leo está muy nervioso. ¿Qué cree Leo que hay que hacer con Tere en una situación así? Visiona de nuevo este fragmento y completa las frases.

1. Hay que .... en horizontal.
3. Hay que .... con una manta.
2. Hay que .... a un médico.
4. Hay que .... a Tere al hospital.

5 Visiona el fragmento 03:23 ⊙ final. ¿Qué le pasa a Tere en realidad?

1. ☐ Está enferma.
2. ☐ Durmió mucho.
3. ☐ Está cansada porque estuvo bailando toda la noche.
4. ☐ Se levantó esta mañana muy temprano.

Después del video

6 **En parejas** Hazle el siguiente cuestionario a tu compañero/a.

1. ¿Qué parte del cuerpo te duele con más frecuencia? ....
   ¿Por qué? ....

2. ¿Qué haces cuando te duele la cabeza?
   ....

3. ¿Vas al médico frecuentemente? ....
   ¿Para qué? ....

4. ¿Qué haces cuando tienes fiebre?
   ....

5. ¿Tienes alergia a algún alimento? ....
   ¿A cuál? ....

6. Cuando no puedes dormir, ¿qué haces? ....

7. ¿Con qué frecuencia vas al dentista? ....

8. ¿Qué haces cuando una persona se siente mareada y se desmaya? ....

9. ¿Qué haces cuando estás nervioso/a? ....

10. ¿Llevas una dieta equilibrada? ....
    ¿Qué tomas a diario? ....

Evaluación

1 Lee las definiciones y completa el crucigrama con las partes del cuerpo.

(Horizontal)

1. Los mueves mucho cuando nadas.
2. Te la cubres con un gorro cuando hace frío.
3. Las mueves continuamente cuando andas en bicicleta.
4. Los utilizas para ver.
5. Los niños los usan para decir los años que tienen.

(Vertical)

6. La abres y la cierras para comer.
7. Te pica cuando tienes alergia.
8. Puedes llevar aretes en ellas.
9. Te duelen cuando llevas zapatos cerrados y caminas mucho.
10. Te duele cuando estás mucho tiempo sentado/a.

2 Escribe las instrucciones que representan los iconos para la forma *usted*.

3 Relaciona las palabras de las columnas.

1. Tengo…
2. Le duele mucho…
3. Tomo…
4. En el auto…
5. Me pican…
6. Tiene mucha…
7. Estoy…

a. se marea.
b. una tableta para la tos.
c. los ojos por la alergia.
d. vomitando.
e. dolor de cabeza.
f. el estómago.
g. fiebre.

4 Escribe tres consejos usando el imperativo para cada una de estas situaciones.

Hacer bien una entrevista de trabajo	Llevarte bien con tus compañeros/as

5 Lee los siguientes mensajes y relaciónalos con las imágenes.

1. ☐ Por favor, apaguen sus celulares, la función va a empezar.
2. ☐ Espere su turno.
3. ☐ Al salir, tengan cuidado con las puertas.
4. ☐ Lea las instrucciones y, en caso de duda, consulte con su farmacéutico.
5. ☐ ¿Te queda poca batería? Carga acá tu celular.
6. ☐ Vamos, muchachos, suban despacio y en orden.

6 Completa estas frases con el imperativo y el pronombre de objeto directo adecuados.

1. ¿Puedo usar tu celular? Sí, ... (tomar, tú).
2. ¿Podemos abrir las ventanas? Sí, ... (abrir, ustedes).
3. ¿Podemos poner la tele? Sí, ... (poner, ustedes).
4. ¿Puedes prestarme los auriculares? Claro, ... (tomar, tú).

6.1 Ahora escribe los imperativos anteriores en la forma *usted*.

1. ....   3. ....
2. ....   4. ....

7 Completa las frases según tus reacciones.

1. Cuando estoy nervioso/a, *muevo los pies* .
2. Cuando estoy triste, ...
3. Cuando estoy contento/a, ...
4. Cuando estoy preocupado/a, ...
5. Cuando estoy aburrido/a, ...
6. Cuando estoy cansado/a, ...

8 Vuelve a leer el texto sobre Gino Tubaro e indica si las afirmaciones son verdaderas (V) o falsas (F).

1. Estudia Informática en una prestigiosa escuela. .... ☐V ☐F
2. Con 15 años arma su primera impresora 3D. .... ☐V ☐F
3. Felipe es el niño para el que Gino fabrica una mano ortopédica. .... ☐V ☐F
4. Atomic Lab es el nombre de su ONG fundada en 2012. .... ☐V ☐F
5. Gracias a una red de voluntarios, Gino reparte prótesis impresas en 3D por todo el mundo. ☐V ☐F
6. Actualmente trabaja para el Estado. .... ☐V ☐F
7. Investiga en proyectos solidarios gracias a las donaciones que recibe. .... ☐V ☐F

9 ¿Crees que aprendiste mucho en esta unidad? Escribe…

1. tres palabras relacionadas con el ejercicio físico: ....;
2. tres partes del cuerpo: ....;
3. tres imperativos irregulares: ....;
4. tres enfermedades: ....;
5. tres síntomas: ....;
6. tres estados de ánimo: ....

Piensa en tus últimas vacaciones…

¿Fuiste de viaje?

¿Cuánto tiempo?

¿Qué tipo de viaje fue?

¡Fue increíble!

En esta unidad vas a. . .

▶ Narrar acciones pasadas

▶ Describir la preparación de unas vacaciones

▶ Aprender léxico relacionado con los viajes

▶ Conocer la historia de los moáis

¿Qué sabes?

1 **En parejas** ¿Sabes cómo se llaman estos objetos en español? Algunos ya los conoces. Escribe su nombre y cuéntale a tu compañero/a cuáles están relacionados con tus últimas vacaciones.

2 **En parejas** Estos son algunos marcadores temporales que sirven para situar las acciones temporalmente. Ordénalos en una línea de tiempo.

> hoy | ayer | mañana | el mes pasado | anoche
> el año pasado | antier | la próxima semana | esta mañana

hoy

| PASADO | PRESENTE | FUTURO |

LÉXICO
Cono Sur y España ▸ anteayer, antes de ayer :
Nos sirven las lecciones de ayer y anteayer, pero no las recetas.

2.1 **Todo el grupo** ¿Conoces otros marcadores temporales de pasado? Añádelos a la línea de tiempo anterior.

3 **En grupos pequeños** Observa estas imágenes y las frases que las acompañan. ¿Cuáles te recuerdan a tus últimos viajes? ¿Qué hiciste? ¿Cuándo?

Viajé a una gran ciudad.

Viajé en carro.

Visité un museo.

Hablé otro idioma.

Fui a esquiar.

Caminé por el campo.

Tomé el sol en la playa.

Fui a un concierto.

Probé la comida típica.

Hice escalada/montañismo.

En mi último viaje fui a esquiar.

¿Cuándo?

El año pasado.

Palabras

1 **En parejas** Relaciona las siguientes palabras con su imagen correspondiente. ¿Con qué parte de un viaje las relacionas?

> hotel | albergue | guía de viaje
> boleto de avión | seguro de viaje | equipaje

① ....

② ....

③ ....

④ ....

⑤ ....

⑥ ....

La mano, Punta del Este, Uruguay

LÉXICO

Latinoamérica ❯ (hacer una) reservación :
*Los precios son bajos, pero hay que **hacer la reservación** con anterioridad.*

España ❯ reservar :
De Lisboa hay un vuelo directo a Londres.
*Ayer lo **reservé** en la agencia de estudiantes.*

1.1 **En parejas** Relaciona las dos columnas.

1. Hacer	a. información.
2. Comprar	b. el seguro de viaje.
3. Consultar	c. el boleto de avión.
4. Buscar	d. el equipaje.
5. Contratar	e. la reservación.
6. Facturar	f. la guía de viaje.

1.2 🔊 A continuación tres personas van a conversar sobre la preparación de sus últimas vacaciones. Escucha con atención y marca la opción correcta.

[34]

	1	2	3
a. Hotel	☐	☐	☐
b. Hotel con desayuno incluido	☐	☐	☐
c. Albergue	☐	☐	☐
d. Reservación anticipada	☐	☐	☐
e. Seguro de viaje	☐	☐	☐
f. Equipaje de mano	☐	☐	☐

2 **En grupos pequeños** Varios amigos están pensando en irse de vacaciones y tienen un grupo en sus redes sociales para organizarse. Lee la conversación y escribe debajo, junto a cada verbo, las palabras o expresiones que lo acompañan.

 Marta: ¿Por qué no nos vamos en junio a la montaña? ¡Tengo tantas ganas de caminar por el campo y respirar aire fresco…! 🌲

 Pablo: ⛰️ La última vez ya estuvimos en un pueblito… ¿Y si pasamos una semana en la playa? Allá podemos tomar el sol, bañarnos y hacer surf… ¡Dale! 🏄

 Ana: ¡Siempre lo mismo! Para vosotros solo existe campo o playa. Yo pensé en ir a alguna gran ciudad, recorrer sus calles y visitar museos y exposiciones. 🚶🚶🚶 ¿Qué les parece Montevideo?

 Rafa: 👍 Pero, Ana, la ciudad la recorremos en bus. Ya sabes que yo me canso enseguida. 😵

 Pablo: Okey, Ana. ¡Tú ganas! 😄 ¿Hacemos la reservación del boleto de avión? Vamos en avión, ¿verdad?

 Marta: Okey, pero mejor vamos en auto, por favor, muchach@s 🙏 Así podemos contemplar el paisaje.

 Rafa: ¡Marta y la naturaleza! 😄 ¿Cuántos días tienen ustedes de vacaciones? Yo solo puedo estar cinco días…

 Ana: Cinco días es perfecto.¡Nos vamos de vacaciones! 🧜 ¡Qué padre! Busco hotel por internet y hago la reservación, ¿o prefieren alojarse en un albergue? También podemos rentar un apartamento en el centro… 🤔

- Pasar: ....
- Visitar: ....
- Ir(se): ....
- Contemplar: ....
- Recorrer: ....
- Buscar: ....
- Alojarse: ....
- Hacer: ....
- Rentar: ....

2.1 **En grupos pequeños** Piensa en otras palabras o expresiones relacionadas con las vacaciones que pueden ir acompañadas de los verbos anteriores y añádelas a la lista.

<u>Ejemplo</u>: *Rentar una bicicleta/un carro…*

2.2 **Todo el grupo** ¿Qué tipo de viaje realiza el grupo de amigos de la actividad 2? ¿Qué imagen de las siguientes lo representa mejor? ¿Qué otro tipo de viajes se pueden hacer?

Gramática

1 Pretérito regular

Fíjate:

Las terminaciones del pretérito para los verbos en *-er* y en *-ir* son iguales.

- El **pretérito** es un tiempo verbal de **pasado**. Las formas regulares tienen las siguientes terminaciones:

	Viajar	Comer	Vivir
yo	viajé	comí	viví
tú	viajaste	comiste	viviste
él, ella, usted	viajó	comió	vivió
nosotros/as	viajamos	comimos	vivimos
vosotros/as	viajasteis	comisteis	vivisteis
ellos, ellas, ustedes	viajaron	comieron	vivieron

- La persona *nosotros/as* en los verbos en *-ar* e *-ir* coincide con el presente de indicativo:

  *Siempre **viajamos** en avión, pero el año pasado **viajamos** en auto al pueblito.*

  *De chicos **vivimos** en Chile durante unos años, pero ahora **vivimos** en Nueva York.*

Fíjate:

Muchas veces, la tilde es la única marca que permite diferenciar formas verbales:

*vi**a**jo* (presente, *yo*)
*via**jó*** (pretérito, *él, ella, usted*)

1.1 Escribe el pretérito de estas formas de presente.

1. llamo ....
2. abres ....
3. baila ....
4. invitamos ....
5. viven ....
6. rompes ....
7. estudian ....
8. escribes ....
9. saludan ....
10. bebemos ....
11. canto ....
12. salimos ....

2 Pretérito irregular

- Algunos de los verbos más comunes son irregulares en pretérito:

	Ser/Ir	Tener	Hacer	Estar	Dar
yo	fui	tuve	hice	estuve	di
tú	fuiste	tuviste	hiciste	estuviste	diste
él, ella, usted	fue	tuvo	hizo	estuvo	dio
nosotros/as	fuimos	tuvimos	hicimos	estuvimos	dimos
vosotros/as	fuisteis	tuvisteis	hicisteis	estuvisteis	disteis
ellos, ellas, ustedes	fueron	tuvieron	hicieron	estuvieron	dieron

- Los verbos *ser* e *ir* comparten la misma forma en el pretérito:

  *Mi abuelo **fue** un médico muy conocido./El año pasado Ana **fue** a Egipto.*

2.1 **En parejas** Observa las fotografías y escribe frases usando las formas irregulares de los verbos anteriores.

El niño ....

Miguel ....

David y yo ....

Mis papás ....

3 Uso del pretérito

- El pretérito expresa **acciones terminadas** que se desarrollan en el **pasado**:

  *Mis papás **se conocieron** en Argentina en 1970.*
  *Hoy **vi** a tu mamá en el mercado.*
  *El año pasado **viajé** por Estados Unidos durante dos meses.*

- Algunos **marcadores temporales** frecuentes que se usan con el pretérito son *anoche, ayer, antier, el otro día, la semana pasada, el mes/año pasado, esta mañana/semana…*:

  *Ayer **cené** en un restaurante japonés.*
  *El otro día **estuve** con Ana en una fiesta.*
  *Esta semana **tuvimos** mucho trabajo.*

> *El otro día* se refiere a un momento indeterminado del pasado cercano o reciente. Se usa cuando no es importante situar de manera exacta en el tiempo una acción pasada.

3.1 [35] La semana pasada fue muy intensa para Luis. Observa las fotos, utiliza tu imaginación y escribe qué hizo cada día. Luego escucha el audio, comprueba tus respuestas y corrígelas en caso necesario.

lunes

martes

miércoles

jueves

viernes

sábado

domingo

1. El lunes pasado ....
2. El martes ....
3. El miércoles ....
4. El jueves ....
5. El viernes ....
6. El sábado ....
7. El domingo ....

3.2 En parejas ¿Qué hizo tu compañero/a la semana pasada? Pregúntale y toma notas.

Ejemplo: ▶ *¿Qué hiciste el lunes?*
▷ *El lunes en la mañana me levanté temprano y fui a clase…*

Practica en contexto

1 **En parejas** ¿Qué tipo de turismo prefieres? ¿De naturaleza, urbano, cultural...? Lee este blog de viajes. Después elige un lugar y explica a tus compañeros por qué lo elegiste.

<u>Ejemplo</u>: *Yo elegí Jordania porque...*

> Fíjate:
> En las referencias temporales usamos la palabra *hace* cuando la acción sucedió dos o más días, semanas, meses o años atrás:
> *La semana pasada fui a Londres.*/**Hace** *dos semanas fui a Londres.*

Noruega. Auroras boreales

Hace un año fui a Noruega. Por primera vez visité el círculo polar ártico. Estuvimos en Harstad, un pequeño pueblito pesquero situado 250 kilómetros al norte del círculo polar. Allá vi por primera vez las auroras boreales. Me alojé en un iglú a los pies de un precioso fiordo. Durante la cena el cielo se puso verde e incontables auroras, una tras otra, empezaron a bailar sobre mi cabeza. Aquella noche me di cuenta de la suerte que tuve por poder viajar allá.

España

El año pasado decidí visitar España. Viajé por ciudades muy turísticas como Toledo, Córdoba o Barcelona, pero también visité ciudades menos conocidas que resultaron ser muy bellas: Zaragoza, Murcia, Zamora, Valladolid, Jaén, Cuenca... Además, pude conocer algunas joyas monumentales y culturales: la basílica de Covadonga o el Monasterio de Piedra. Fue emocionante conocer el lugar donde nació el español, la lengua que estudio.

Jordania. Una maravilla del mundo

Hace unos meses visitamos Jordania y fue increíble. Primero estuvimos en Jerash, la "Roma" de Jordania, que es una ciudad llena de historia. Después fuimos a Wadi Rum, el desierto rojo, toda una aventura. Lo más divertido fue el baño que tomamos en el mar Muerto. También visitamos Amán, la capital, y Petra, una de las siete maravillas del mundo y un lugar que nos emocionó.

2 **Todo el grupo** Javier y Marta hablan de su mejor viaje. Mira las fotos; ¿sabes dónde estuvo cada uno?

2.1 🔊 Escucha cómo explican su viaje y completa la ficha según la información.

[36]

	Javier	Marta
1. Destino		
2. Duración		
3. Lugares visitados		
4. Características de los lugares		
5. Características de los habitantes y costumbres		
6. Las mejores impresiones o recuerdos		

3 **En parejas** Ahora explica a tu compañero/a cuál fue tu mejor viaje.

Ejemplo: *Mi mejor viaje fue a Chile. Empecé a prepararlo seis meses antes y estuve allá dos meses, desde junio hasta agosto…*

3.1 Ahora escribe en tu cuaderno una entrada de blog explicando tu viaje.

Señalar el comienzo y el final de una acción

- Para señalar el comienzo o inicio de una acción se utiliza ***empezar*** + ***a*** + infinitivo:
  Empecé a trabajar en la compañía en septiembre del año 2015.

- Para indicar el principio de un recorrido o el momento en el que comienza algo, se utiliza ***desde***:
  *Estoy acá **desde** noviembre del año pasado.*
  ***Desde** casa tardo cinco minutos en llegar al trabajo.*

- Para indicar el final de un recorrido o el momento en el que termina algo, se utiliza ***hasta***:
  *Desde San Diego **hasta** Los Ángeles hay más de 170 kilómetros de distancia.*
  *Me quedo en Lima **hasta** final del verano.*

Puedes ayudar a tu compañero/a haciéndole preguntas:

¿Cómo organizaste el viaje?
¿Dónde buscaste información?
¿Cuándo empezaste a prepararlo?
¿Por qué elegiste ese destino?
¿Cuánto tiempo estuviste de viaje?
¿Qué medios de transporte utilizaste?
¿Qué ciudades o lugares visitaste?
¿Cuál es el mejor recuerdo?

4 **Todo el grupo** ¿Sabes qué es el turismo creativo? Lee el siguiente texto y responde a las preguntas.

El turismo creativo consiste en viajar con el fin de aprender y desarrollar nuestras capacidades en el entorno de la cultura del lugar que visita.

El turista creativo necesita interactuar con la población local y vivir experiencias propias de sus habitantes, realizando actividades que permiten descubrir las costumbres, la gastronomía, los hábitos, etc., del destino elegido, y compartirlas con sus habitantes.

1. ¿Tú eres un/a turista creativo/a? ¿Por qué?
2. ¿Aprender la lengua del país que se visita es hacer turismo creativo? ¿Por qué?

4.1 **En parejas** Daniel es un turista creativo. Acá explica cómo descubrió esta forma de turismo. Lee el texto y escribe los verbos en la forma adecuada del pretérito.

Casa Batlló

Un día me [1] .... (decir) a mí mismo: yo quiero hacer un viaje diferente, sin límites de tiempo. Y esto [2] .... (ser) lo mejor que [3] .... (hacer) en mis 31 años. [4] .... (Decidir) dejar mi trabajo temporalmente para vivir la vida y conocer el mundo, en contra de la opinión de mis familiares. Pero, como me [5] .... (decir) un buen amigo argentino, "Acá la onda es ser feliz".

[6] .... (Irse) a Barcelona, en el este de España. [7] .... (Visitar) la ciudad y [8] .... (interesarse) por Gaudí y la arquitectura modernista. Así que [9] .... (apuntarse) a un curso sobre el modernismo y [10] .... (quedarse) un tiempo. [11] .... (Rentar) un cuarto en casa de una familia y [12] .... (compartir) unos meses de mi vida con ellos. [13] .... (Aprender) mucho sobre el modernismo, pero también sobre el modo de vida de la cultura mediterránea. Entonces [14] .... (descubrir) lo que es el turismo creativo y desde aquel momento siempre reservo mis vacaciones para vivir experiencias similares en otros países.

4.2 **En grupos pequeños** Elabora un listado de actividades para hacer en un viaje creativo. Después coméntalo con tus compañeros/as. ¿Cuáles son las más originales? ¿Hiciste alguna en tus viajes?

COMUNICACIÓN

En Latinoamérica (Bolivia, Chile, Ecuador, México, Nicaragua, Paraguay, Perú y Uruguay) la palabra onda se usa en diferentes expresiones coloquiales muy modernas y extendidas entre los jóvenes, aunque también los mayores están comenzando a usarlas. Estas son las más usuales:

> la onda es... *(lo importante es)*: *La onda es ser feliz.*

> ¿Qué onda? *(Hola, ¿cómo estás?; ¿Qué haces?; ¿Qué pasa?)*: *¿Y qué onda, por qué no estás jugando?*

> tener alguien buena/mala onda ('tener una actitud positiva/negativa, ser una persona que se lleva bien/mal con otras personas'): *Bueno... siempre tuvimos buena onda vos y yo.*

> ¡Qué onda (tienes/tenés)! (Referido a la ropa moderna que lleva una persona): *Vos siempre a la última moda. ¡Qué onda tenés!*

En España existe la expresión estar en la onda ('estar al corriente de las últimas tendencias, opiniones, actualidad...'): *Viste a la última y está en la onda de todos los asuntos políticos.*

Fíjate:
• *Ir* es 'moverse de un lugar a otro, desplazarse a un lugar': *Voy a casa en carro.* *Fui a Argentina el año pasado.*
• *Irse* es 'abandonar un lugar': *Me fui de la fiesta a las once.*

---

5 **En parejas** Lee la anécdota que cuenta Rosa de su viaje a Guanajuato. Ordena los párrafos y compara los resultados con tu compañero/a.

☐ Pues bien, desde nuestro viaje a Guanajuato no volvieron a quejarse y es porque en ese viaje rentamos un auto para poder visitar la ciudad, ya que nuestro hotel estaba lejos del centro.

☐ Después de visitar la ciudad, muy cansados, fuimos a buscar el auto para regresar al hotel. No fue fácil…

☐ En un momento de desesperación, me senté y me puse a repasar las fotografías que tomé ese día. Se me ocurrió ir hacia atrás para así recorrer fotográficamente el camino que hicimos y, por fin, encontré una foto con el nombre de la calle.

☐ Evidentemente mi familia no se volvió a quejar de mi afición por la fotografía y ahora estoy obligada a tomar una foto siempre que estacionamos.

☐ Estuvimos más de una hora dando vueltas para encontrarlo, ya que todas las calles nos parecían iguales. ¿Y cómo lo encontramos?

☐ Cuando llegamos, mi papá buscó una plaza para estacionar y al final, después de media hora, conseguimos aparcar el auto en un callejón muy cerca del teatro Juárez.

☐ Jamás olvidaré mi viaje de hace seis años a Guanajuato, México. Nadie de mi familia quería ir de viaje conmigo porque me gusta tomar muchas fotos y les hago detenerse cada cinco minutos.

> **LÉXICO**
> Latinoamérica > tomar fotos :
> *Durante algunos meses **tomé fotos** e hice collage con algunos materiales.*
> España > hacer fotos :
> *Luego **hicimos fotos** y miramos fuera de la ventana.*

Reaccionar en una conversación

Para mantener una conversación es importante reaccionar ante lo que los otros nos dicen y mostrar empatía. Estas son algunas de las frases más comunes:

- Mostrar **alegría**:
  - ¡Qué bueno/suerte/buena noticia!
- Mostrar **fastidio o pena**:
  - ¡Qué pena/horror/lástima!
  - ¡Vaya, hombre!
- Mostrar **alivio**:
  - ¡Menos mal!
  - ¡Qué alivio/descanso!
- Mostrar **sorpresa**:
  - ¡No me digas!
  - ¿De verdad?
  - ¿En serio?

👉 **Fíjate:**
Las formas *quería*, *estaba* y *nos parecían* son formas de otro tiempo del pasado, el imperfecto, que se usa para describir y que vas a estudiar en el nivel 2.

5.1 🔊 Escucha y comprueba tu respuesta anterior.

[37]

5.2 **En parejas** Lee de nuevo la anécdota de Rosa. Tu compañero/a debe reaccionar adecuadamente.

5.3 **En parejas** Explícale una anécdota a tu compañero/a y reacciona a la suya con gestos y palabras.

Cuenta la leyenda...

1 **En grupos pequeños** ¿Sabes cómo se llaman y dónde se encuentran estas gigantescas estatuas?

1.1 **En parejas** Lee su historia, comprueba tus respuestas anteriores y completa la ficha de la página siguiente con tu compañero/a.

Los moáis, las gigantescas estatuas de la isla de Pascua (isla de Chile situada en el triángulo de la Polinesia) son la expresión más importante del arte escultórico de la etnia rapanuí.

El nombre completo de sus estatuas en su idioma local es *moai aringa ora*, que significa 'rostro vivo de los ancestros'. Los rapanuís construyeron estos gigantes de piedra para representar a sus antepasados, pues creían que estos podían extender su *mana* o poder espiritual sobre la tribu para protegerla.

La altura media de los moáis es de unos 4.5 metros, la mayoría pesa aproximadamente 5 toneladas y hay de 30 a 40 estatuas que pesan más de 10. Además, hay 58 moáis con un extraño sombrero de color rojo sobre la cabeza. Esos sombreros reciben el nombre de *pukao*, tienen forma cilíndrica y están hechos de escoria roja (material de origen volcánico) procedente de la cantera del volcán Puna Pau. Se cree que representan el pelo recogido en un moño y teñido de ocre, tal como era la costumbre polinésica y que aún hoy puede observarse.

Existen unos 900 moáis en la isla de Pascua. De estos, unos 400 se encuentran en la cantera del volcán Rano Raraku, 288 asociados a los *ahu* (plataforma ceremonial) y el resto repartidos por distintos puntos de la isla.

Adaptado de https://imaginaisladepascua.com/la-isla-de-pascua/cultura-rapa-nui/moais/

1. Nombre de la etnia que construyó los moáis.
   ....

2. Nombre completo de las estatuas en su idioma local y su significado.
   ....

3. ¿Qué es el *mana*?
   ....

4. Peso y altura media de un moái.
   ....

5. ¿Cuántos moáis hay en la isla de Pascua?
   ....

6. ¿Qué es un *pukao*?
   ....

7. ¿Qué se cree que representa el *pukao*?
   ....

8. ¿En qué zona de la isla de Pascua están situados la mayor parte de los moáis?
   ....

También debes visitar:

El jardín botánico Tau Kiani, con más de 1200 variedades de plantas, construido en madera y roca volcánica. Tiene 5000 m² de extensión.

Pu o Hiro, al norte de la isla, instrumento musical tallado en una enorme piedra; una especie de trompeta usada en ceremonias rituales.

El moái Ahu Huri a Urenga, situado en el interior de la isla, y que es el único que tiene dos pares de manos.

La cima del volcán Poike. Puedes subir a pie y ver una enorme cabeza de piedra llamada Vai a Heva, probablemente utilizada para recoger agua de lluvia.

Ahu a Kivi

HOSTAL Babel

Antes del video

1 **Todo el grupo** Hugo y Tere pasaron sus vacaciones en diferentes lugares de España. Teniendo en cuenta sus personalidades, ¿quién crees que estuvo en el norte y quién en el sur? Puedes consultar el mapa de la página 18 de la introducción y buscar información sobre España en internet.

2 **En parejas** Lee las siguientes palabras e identifícalas con uno de estos viajes, según la información que tienes.

1. Viaje al norte de España.
2. Viaje al sur de España.
3. Ambos.

☐ País Vasco	☐ Cádiz	☐ montaña	☐ concierto
☐ agua fría	☐ nieve	☐ Sevilla	☐ tienda de campaña
☐ rocas	☐ mar	☐ playa	☐ fiesta

3 **En parejas** Con la información anterior, imagina y describe brevemente los viajes de Hugo y Tere. ¿Adónde fueron primero? ¿Qué hicieron? ¿Les gustó el viaje?

Durante el video

4 Visiona el fragmento 00:30 ⊙ 03:45, comprueba si tus respuestas anteriores son correctas y corrígelas en caso necesario.

5 **En parejas** Lee el diálogo del video y complétalo con los siguientes verbos en pretérito. Luego visiona el fragmento 00:30 ⊙ 01:48 y comprueba tu respuesta.

| recorrer | nadar | tomar | subir | ser (2) | salir | secarse (2) |
| estar (2) | correr | hacer | bañarse | terminar | comenzar | saltar |

Hugo: Y esta foto la [1] .... en la Catedral de Santiago de Compostela.

Tere: Entonces [2] .... toda la costa norte de España, ¿no?

Hugo: Entera. [3] .... en el País Vasco y [4] .... en Galicia.

Leo: ¿Y esta? ¿Dónde la [5] ....?

Hugo: En Asturias.

Leo: ¡Pero si estás en bañador! ¿En la playa?

Hugo: Sí, [6] .... en el mar y [7] .... un buen rato.

Tere: ¿En el mar? ¿En pleno invierno?

Hugo: Claro. Me gusta bañarme en el agua fría.

Leo: ¿Fría? ¡Querrás decir superfría!

Hugo: Claro, superfría. Es muy bueno para el cuerpo, ¿eh?

Leo: ¡Tú eres un poco raro!

Hugo: Ja, ja, ja… ¡Mira quién lo dice!

Tere: Seguro que no [8] .... muy agradable nadar en el mar tan frío.

Hugo: ¿Que no? Miren esta foto… [9] .... a esta roca y salté al mar. ¡[10] .... increíble!

Leo: ¿[11] .... al mar desde ahí?

Hugo: Sí, y luego [12] .... un buen rato nadando. Y cuando [13] .... del agua [14] .... un rato corriendo por la playa para que se me secara el cuerpo.

Tere: ¿[15] .... sin toalla ni nada?

Hugo: Sin toalla; solo [16] .... por la arena hasta que [17] .... completamente.

6 Clasifica las formas verbales anteriores en la columna correspondiente.

Formas regulares	Formas irregulares

7 Visiona todo el episodio y responde a las siguientes preguntas.

1. ¿Cuál fue el mayor problema que tuvo Hugo en el norte de España? Explícalo brevemente.

....

2. ¿Dónde durmió la mayoría de las noches Tere durante su viaje?

....

3. ¿Tuvieron alguna vivencia similar Hugo y Tere durante sus respectivos viajes? ¿Cuál?

....

4. ¿Dónde pasó sus vacaciones Leo?

....

Después del video

8 Después de escuchar a Hugo y a Tere, ¿cómo crees que es el norte de España? ¿Y el sur? Escribe tres características de cada lugar.

Norte	Sur
1.	1. ....
2.	2. ....
3.	3. ....

9 **En parejas** ¿Cuál de los dos viajes te gustaría hacer? ¿Por qué?

10 **Todo el grupo** ¿Cómo son el norte y el sur de tu país? ¿Son muy diferentes? ¿A cuál de los dos lugares te gusta viajar más? ¿Por qué?

Evaluación

1 ¿Para qué se utiliza el pretérito? Explícalo con tus palabras y pon un ejemplo.

....

....

Ejemplo: ....

2 Completa la tabla con la forma adecuada del verbo en pretérito.

	Cantar	Beber	Escribir	Ser/Ir	Dar	Tener
yo						
tú						
él, ella, usted						
nosotros/as						
vosotros/as	*cantasteis*	*bebisteis*	*escribisteis*	*fuisteis*	*disteis*	*tuvisteis*
ellos, ellas, ustedes						

3 ¿Cuáles de las formas anteriores coinciden con las del presente de indicativo?

....

....

....

4 Escribe el nombre de los siguientes objetos.

1. ....
2. ....
3. ....

4. ....
5. ....
6. ....

5 Escribe seis frases en pretérito con las palabras anteriores.

....

....

....

....

....

....

6 🔊 Escucha con atención y señala qué hizo Estela ayer.
[38]

7 ¿Y tú?, ¿qué hiciste ayer? Descríbelo brevemente.

....

....

....

....

8 ¿Te parecieron difíciles los textos de esta unidad?

☐ Mucho   ☐ Bastante   ☐ Un poco   ☐ No

¿Usaste algún recurso de aprendizaje para hacer las tareas de comprensión lectora? ¿Cuál?..

Explica en qué consiste:..

....

9 Indica cuáles de las siguientes afirmaciones son verdaderas.

1. ☐ Los rapanuís construyeron los gigantes de piedra para honrar a sus muertos.
2. ☐ El *mana* es el material con el que se construyeron las estatuas.
3. ☐ Todas las estatuas pesan más de 10 toneladas.
4. ☐ El *pukao* es una especie de sombrero que representa el peinado típico de los polinesios.
5. ☐ En la isla de Pascua hay volcanes.

Fin de trayecto

¿A qué crees que se refiere el título de la unidad?

Valora del 1 al 10 tu viaje al español. ¿Estás satisfecho/a?

¿Cómo es la gente con la que convives?

¿Quieres viajar a algún país de Latinoamérica?

En esta unidad vas a. . .

- ▶ Hablar de acciones cotidianas y de planes y proyectos futuros
- ▶ Describir personas
- ▶ Dar instrucciones
- ▶ Expresar necesidad y obligación
- ▶ Hablar de la existencia o no de algo o de alguien
- ▶ Conocer algunos lugares insólitos de Latinoamérica

¿Qué sabes?

1 **En grupos pequeños** Vamos a jugar y a comprobar cuánto aprendiste a lo largo del nivel 1. Tu profesor/a te va a explicar cómo se juega.

SALIDA

1 Di cuántos (años) tienes.

2 ¿Dónde trabaja un/a (farmacéutico/a)?

3 ¿Cómo se deletrea (Chichicastenango)?

4 ¿Cuál es tu (correo electrónico)?

27 ¿Qué (horas) son?

28 VUELVE A TIRAR EL DADO

29 Di una cosa que (te encanta).

30 Di una cosa que (no te gusta nada).

31 Nombra dos lugares de interés que hay en (Lima) y qué se puede hacer allá.

26 De acá y de allá: ¿Cómo se dice en España (teléfono celular)?

47 Di una instrucción que puedes leer en un (cajero automático).

48 De acá y de allá: ¿Cómo se dice en España (sala)?

49 VUELVE A TIRAR EL DADO

50 Pide un (favor) a un/a compañero/a de la clase.

25 Di una cosa que (no haces nunca).

46 Nombra tres (productos) que puedes encontrar en una máquina de venta automática.

LLEGADA

58 De acá y de allá: ¿Qué otras palabras conoces para decir (carro)?

57 Di a qué se dedica (Atomic Lab) y por qué es importante.

24 Di tres cosas que (haces normalmente).

45 Di tus (planes) para el fin de semana.

44 Una vivienda digna tiene que tener cochera, ¿verdadero o falso?

43 Nombra dos animales que puedes ver en el (parque nacional Canaima) (Venezuela).

42 PIERDES UN TURNO

23 ¿Cuál es el (horario) de tus clases de español?

22 ¿Cuándo es tu (cumpleaños)?

21 REGRESA A LA CASILLA DE SALIDA

20 Di los (meses del año).

19 Di los (días de la semana).

5 De acá y de allá: ¿Qué otras palabras conoces para decir mesero/a?

6 Lee este número: 4 715 100

7 AVANZA 2 CASILLAS

8 Describe tu barrio.

9 Di tres cosas que te gusta hacer cuando viajas.

32 Nombra tres tapas que puedes pedir en un bar de España.

33 Di tres bebidas que puedes pedir en un café.

34 Pide el almuerzo: un entrante, un plato principal y un postre

35 AVANZA 2 CASILLAS

10 Di cómo vas a tu escuela/trabajo.

51 Levántate y apaga la luz.

52 Pide permiso a tus compañeros/as para hacer algo.

53 Di tres estados de ánimo.

36 ¿Qué tienes que decir cuando quieres pagar en un restaurante?

11 ¿Dónde prefieres alojarte cuando viajas?

56 PIERDES UN TURNO

55 Da instrucciones para hacer una sentadilla.

54 Explica qué se celebra el 12 de octubre.

37 De acá y de allá: ¿Cómo se dice en España papas?

12 Nombra un monumento que te gusta mucho y di dónde está.

41 Di tres cosas que necesitas para ir de excursión a la montaña.

40 Di una cosa que quieres hacer esta semana.

39 Propón un plan a tus compañeros/as para este fin de semana.

38 Da dos consejos para aprender bien español.

13 Describe el físico y el carácter de un miembro de tu familia.

18 De acá y de allá: ¿Cómo se dice en España los tenis?

17 ¿Qué está haciendo tu profesor/a en este momento?

16 ¿Qué ropa llevas hoy?

15 Nombra tres personajes famosos del mundo hispánico y di sus profesiones.

14 VUELVE A TIRAR EL DADO

Palabras

Latinoamérica ❯ torta : *La **torta** de boda tiene cuatro enormes pisos.*
Honduras ❯ queque : *Eliminar galletas dulces, **queques**…*
España ❯ tarta : *De postre una **tarta** de almendras excelente.*

Latinoamérica ❯ botana : *Para abrir el apetito te presentamos esta gran variedad de **botanas**.*
España ❯ tapa : *El restaurante de moda es un bar español de **tapas** que se llama "La Tasca".*

Latinoamérica ❯ jugo : *Sobre una mesa con mantelito blanco hay vasos con **jugo** de naranja, platos con huevos cocidos, panes tostados y tazas de café.*
España ❯ zumo : *Jamás prueba el alcohol, solo agua y **zumo** de naranja.*

Latinoamérica y España ❯ sándwich : *Anda, corre, ve a la cocina, por si ya están los **sándwiches** de la mesa 3.*
Latinoamérica ❯ emparedado : *Primero tomaron café, aparecieron algunos **emparedados**, masas frescas de hojaldre, frutas…*

1.1 En parejas Combina las palabras de la actividad anterior con las palabras que te damos. Compara los resultados con tu compañero/a.

1. botella de ....
2. .... al vapor
3. .... fritas
4. .... asado
5. .... de chocolate
6. .... de naranja

7. .... de carne
8. .... de verduras
9. ..../........................ a la plancha
10. .... con queso
11. .... mixta

2 🔊 Escucha la siguiente conversación entre dos amigos y completa la información de la tabla.

[39]

①　②

	Pablo	Mario	Luisa	Carla
Carácter				
Gustos				

2.1 **En parejas** Observa las fotografías y busca las diferencias. Sigue el ejemplo. Luego compara con tu compañero/a.

Foto 1

Pablo lleva corbata y Mario no.

Foto 2

2.2 🔊 Escucha de nuevo la primera parte del audio y di si las frases son verdaderas o falsas. Corrige los errores.

[39]

1. Los hermanos de Julia son Pablo, Mario, Luisa y Carla. .... V F
2. El tío de Pablo y Mario se llama Juanjo. .... V F
3. Juanjo es el hermano del papá de Julia. .... V F
4. Clara es la mamá de Luisa y Carla. .... V F
5. No se sabe si Juanjo es mayor o menor que el papá de Julia. .... V F
6. Clara es la hermana mayor de la mamá de Julia. .... V F

3 **En parejas** Ordena las letras para obtener doce palabras que designan partes del cuerpo humano.

1. Z-A-B-E-C-A ❯ ....
2. P-I-N-A-E-R-S ❯ ....
3. O-S-J-O ❯ ....
4. R-A-N-Z-I ❯ ....

5. N-M-A-S-O ❯ ....
6. O-C-B-A ❯ ....
7. S-P-L-A-E-A-D ❯ ....
8. J-A-S-O-E-R ❯ ....

9. S-I-P-E ❯ ....
10. E-C-H-O-P ❯ ....
11. U-E-L-L-C-O ❯ ....
12. D-D-O-E-S ❯ ....

Gramática

Presente de indicativo: verbos irregulares (repaso)

e › ie Querer	o › ue Poder	u › ue Jugar	e › i Repetir
quiero	puedo	juego	repito
quieres	puedes	juegas	repites
quiere	puede	juega	repite
queremos	podemos	jugamos	repetimos
queréis	podéis	jugáis	repetís
quieren	pueden	juegan	repiten

Irregulares en la persona *yo*		Irregularidad propia Ser	Estar	Ir
hago	doy	soy	estoy	voy
salgo	veo	eres	estás	vas
pongo	sé	es	está	va
traigo	conozco	somos	estamos	vamos
		sois	estáis	vais
		son	están	van

Recuerda que algunos verbos tienen **doble irregularidad**:

Tener	**Venir**
tengo	**vengo**
tienes	vienes
tiene	viene
tenemos	venimos
tenéis	venís
tienen	vienen

1.1 Escucha el audio y anota los verbos. ¿Cuáles son irregulares? Clasifícalos en la tabla según su irregularidad.

[40]

e › ie	o › ue	e › i	Primera persona	Totalmente irregulares

Imperativo (repaso)

- Las irregularidades del imperativo son las mismas que las del presente:
  e › ie: *despierta* (tú); o › ue: *duérmase* (usted); e › i: *pidan* (ustedes)
- Usamos el imperativo para **dar instrucciones**, **órdenes** y **consejos**.

2.1 **En parejas** Completa estas *Instrucciones para mirar por la ventana* con la forma *tú* del imperativo. Puedes usar el diccionario.

Ponte cómoda. [1] .... (Usar) una silla si quieres y [2] ....
(mirar), no importa qué, con fuerza, con intensidad. [3] ....
(Concentrarse) en esa actividad. [4] .... (Observar) bien a cada
persona que pasa, [5] .... (seguir) su trayecto con un movimiento
de cabeza, [6] .... (sonreír) si te sonríen, [7] ....
(saludar) a tus conocidos.
[8] .... (Respirar), [9] .... (sentir) el viento,
[10] .... (analizar) las nubes, y, sobre todo, [11] ....
(escuchar): no hay sonido más reconfortante y más ignorado que el de la
vida cotidiana.

Fragmento adaptado de *Instrucciones para mirar por la ventana*, Aniko Villalba, 2015,
https://www.escribir.me/instrucciones-para-mirar-por-la-ventana/

GRAMÁTICA
- En zonas voseantes de Latinoamérica, el imperativo tiene una forma propia para la persona (vos) *(hablá, bebé, abrí, empezá, volvé, elegí, sé, tené, hacé, poné, vení, salí, decí...)*:
  Empezá vos, por favor./Comé, comé, está muy bueno.
- El verbo *ir* (imperativo *ve*) no suele utilizarse y se usa (andá) *(andar)*:
  Andá, que es tarde.

3 Adjetivos y pronombres indefinidos

● Los indefinidos hablan de la **existencia** o **inexistencia** de personas o cosas. Hacen referencia a una cantidad indeterminada. Pueden acompañar a un nombre (cuando son adjetivos) o ir solos (cuando son pronombres):

	Existencia		Inexistencia	
	Masculino	Femenino	Masculino	Femenino
Singular	*algún* + nombre m. alguno	alguna	*ningún* + nombre m. ninguno	ninguna
Plural	algunos	algunas	ningunos	ningunas

▶ *Antonio, ¿hay algún problema?*
▷ *No, ninguno. = No, ningún problema.*

▶ *¿Hay alguna alumna rusa en clase?*
▷ *No, en este curso no hay ninguna (alumna rusa).*

● Además, hay cuatro pronombres indefinidos especiales que se refieren solo a personas y cosas:

	Existencia	Inexistencia
Personas	alguien	nadie
Cosas	algo	nada

▶ *¿Hay alguien en casa?*
▷ *No, creo que no hay nadie.*
▶ *¿Quiere algo más?*
▷ *No, gracias, no quiero nada más.*

Cuando usamos los indefinidos de inexistencia se incluye *no* delante del verbo.

> **Fíjate:**
> *Ningunos/ ningunas* solo se usan con palabras que se construyen en plural:
> *Ningunos pantalones me entran.*
> ▶ *¿Tienes unas tijeras?*
> ▷ *No, lo siento, no tengo ningunas.*

3.1 Completa los siguientes diálogos con los indefinidos adecuados.

1. ▶ En la sala de reuniones no hay ....
   ▷ Pues qué raro, porque siempre hay .... a esta hora.

2. ▶ ¿Tienes .... plan para este fin de semana?
   ▷ No, no, todavía no tengo ....

3. ▶ ¿Te ayudo? ¿Hay .... que hacer?
   ▷ No, no te preocupes, no hay que hacer ...., está todo preparado.

4. ▶ ¿Qué le vas a comprar a Marta por su cumpleaños? ¿Tienes .... idea?
   ▷ Bueno, sí, tengo ....
   ▶ ¡Vaya! Pues yo no tengo ....

3.2 🔊 Ahora escucha y comprueba tus respuestas.
[41]

4 Estructuras con infinitivo y gerundio (repaso)

● Hay algunas estructuras verbales que se construyen con infinitivo y que tienen diferentes significados:
  – **Obligación** o **necesidad** › *tener que, hay que*: *Hay que desayunar antes de salir de casa.*
  – **Planes**, **proyectos** e **intenciones** › *ir a, pensar*: *Mañana pensamos ir al campo.*
  – **Deseos** › *querer*: *Queremos comprarnos un departamento en Bogotá.*
  – **Consejos** y **sugerencias** › *tener que, hay que, poder*: *Tienes que ir al doctor.*
  – **Posibilidad** › *poder*: *Con un diccionario online puedo buscar las palabras más rápido.*

● Para expresar una **acción en desarrollo** usamos *estar* + gerundio:
    Estoy estudiando porque mañana tengo un examen.

4.1 🔊 Escucha los siguientes diálogos y fíjate en las estructuras verbales que se usan. ¿Qué expresan? Escribe el número del diálogo en su lugar correspondiente.
[42]

☐ Deseos   ☐ Intenciones   ☐ Consejos y sugerencias   ☐ Obligación
☐ Acción en desarrollo   ☐ Posibilidad   ☐ Planes, proyectos   ☐ Necesidad

1 José Luis está haciendo prácticas en un hotel. Estas son las fotos que publica en sus redes sociales. ¿Sabes en qué país está? Busca información en internet con ayuda de los comentarios.

152 Me gusta
JoséLuis #Rascacielos de #Bocagrande. Acá vivo ahora. Es la zona más moderna de la ciudad, aunque no tiene el encanto del centro histórico… 🥲🥲

174 Me gusta
JoséLuis Calle típica del centro histórico. Pasear por acá es viajar al pasado 🤌 #ArquitecturaColonial

93 Me gusta
JoséLuis El baluarte de Santo Domingo, al lado del mar. Las vistas al #Caribe desde acá son espectaculares ●● #CiudadAmurallada

228 Me gusta
JoséLuis #Gertrudis delante de la iglesia de Santo Domingo. ¡Me encantan las esculturas de #Botero! 👏👏👏👏

202 Me gusta
JoséLuis Vista de la ciudad con la iglesia de San Pedro Claver y Bocagrande al fondo 👍 #MeGustaEstaCiudad

306 Me gusta
JoséLuis Desayunando el mejor café del mundo en la mejor compañía. 🖤 #TeQuiero #feliz

1.1 Lee el siguiente correo electrónico y completa la información.

○○○ De: José Luis Para: Malena, Alfonso, Carolina

¡Hola, amigos!

¿Qué tal están por allá? Yo bárbaro acá, como pueden ver. 😉 Candela está ya en Cartagena y me siento ¡chévere!

Bueno, ya tengo celular colombiano (+57 31 860 05 33) y una casa en renta. Es un departamento muy lindo que está muy cerca de la oficina.

En el trabajo todo bien. Mis compañeros son muy simpáticos. Después del trabajo normalmente paseo por la ciudad para conocerla un poco más, salgo con mis compañeros, voy a la playa y, cuando no estoy muy cansado, salgo a cenar fuera para probar la comida colombiana, que me encanta.

Voy mucho al centro histórico, que está a 45 minutos caminando del departamento. También conozco el Museo Histórico de Cartagena y la iglesia de San Pedro Claver, que es preciosa.

Mañana y el viernes, después del trabajo, voy a mostrarle a Candela la ciudad. Y el fin de semana vamos a ir a la isla de Providencia. Mañana voy a comprar una máscara y unas aletas para hacer submarinismo allá. ¡Qué emoción! Es la primera vez y estoy deseando hacerlo…

Tengo que irme. Candela quiere salir a cenar, que tiene hambre. Esta noche voy a llevarla al restaurante Bohemia, un restaurante que fusiona la cocina colombiana con la del sur de Europa. Después vamos a ir a bailar salsa. ¡Azúúúcar! 😄

Prometo escribirles pronto.

Besos y abrazos,

JL

Encuentra en el texto…

1. una cosa que le gusta de Colombia.
2. algo que va a hacer por primera vez.
3. un lugar que va a visitar.
4. dos cosas que necesita para la excursión del fin de semana.
5. dos planes que tiene para esta noche.
6. un estado de ánimo y un adjetivo de carácter.
7. tres lugares de interés que ya conoce.
8. cuatro cosas que hace normalmente.

Hablar de acciones habituales y del futuro

- Para hablar de **acciones habituales** utilizamos el **presente de indicativo**:

  Después del trabajo normalmente paseo por la ciudad, salgo con mis compañeros, voy a la playa y, cuando no estoy muy cansado, salgo a cenar fuera.

- Para hablar del **futuro** utilizamos la estructura *ir a* + infinitivo:

  Mañana voy a comprar una máscara y unas aletas.

Marcadores temporales

- **De acciones habituales:** *siempre, (casi) todos los días, normalmente, a veces, nunca…*
- **De futuro:** *esta noche, mañana, este fin de semana, la próxima semana, el año que viene…*

La isla Providencia desde Cayo Cangrejo

1.2 **En grupos pequeños** Elige a dos compañeros/as y hazles este pequeño cuestionario sobre su vida en la ciudad, región o comunidad donde viven. Toma notas. ¿En qué coinciden?

Pregúntales a tus compañeros/as por…

- Tres cosas que hacen normalmente en su ciudad, región o comunidad.
- Dos lugares que hay que visitar.
- Un lugar que quieren conocer.
- Un plan que tienen para esta noche.
- Algo que tienen que comprar.
- Una cosa que les gusta de su ciudad y una que no les gusta.
- Un plan para hacer el fin de semana.

2 Escucha estos anuncios sobre diferentes excursiones y visitas que se pueden hacer en Cartagena de Indias y elige la opción correcta.

[43]

Monumento a los Zapatos Viejos, cerca del Castillo San Felipe de Barajas

Fíjate:
1 dólar estadounidense ≈ 3550 pesos colombianos

1. El paseo por las murallas de La Heroica es el plan ideal para…
   a. turistas que quieren conocer la gastronomía.
   b. turistas que quieren conocer los museos de la ciudad.
   c. turistas que quieren conocer el pasado de la ciudad.

2. La excursión de buceo en Barú no incluye…
   a. el transporte.
   b. la comida.
   c. el equipo de buceo.

3. Las islas del Rosario están a…
   a. 16 kilómetros de Cartagena.
   b. 26 kilómetros de Cartagena.
   c. 46 kilómetros de Cartagena.

4. La visita gastronómica por Bazurto cuesta…
   a. 200 000 pesos por persona.
   b. 200 pesos por persona.
   c. 20 000 pesos por persona.

5. Los horarios de la chiva son…
   a. de 6:00 h a 16:00 h.
   b. de 8:00 h a 16:00 h.
   c. de 8:00 h a 18:00 h.

Cabañas en las playas de Barú

Turistas montando en una chiva

Preguntar por planes e intenciones

- **¿Va(s) a** + infinitivo?
  ¿Vas a estar acá el fin de semana?
- **¿Verbo en presente + marcador temporal de futuro?**
  ¿Haces algo mañana?

Proponer y sugerir planes

- **¿Quiere(s)** + infinitivo/nombre?
  ¿Quieres ir conmigo al teatro?
- **¿Te/Le apetece** + infinitivo/nombre?
  ¿Te apetece un paseo por el parque?

Aceptar una propuesta o invitación

- (Sí,) De acuerdo/Sale, vamos/Vale.
- Sí, ¿por qué no?
- De acuerdo.
- Bueno, pero…

Rechazar una propuesta o invitación

- **(No,) Lo siento, es que** + explicación
  ▶ *¿Quieres salir a tomar algo?*
  ▷ *No, lo siento, es que tengo que estudiar.*

Como puedes observar en el ejemplo anterior, cuando se rechaza una propuesta o invitación es necesario justificar el rechazo. Lo habitual es usar **es que**.

2.1 En grupos pequeños ¿Qué otras cosas se pueden hacer en Cartagena de Indias? Busca información en internet con tus compañeros/as, completa la ficha que le corresponde a tu grupo y elabora anuncios tomando como modelo el audio de la actividad anterior.

Restaurantes
Nombre:
Tipo de comida:
Horario:
Dirección:
Contacto:

Museos
Nombre:
Horario:
Dirección:
Teléfono:
Precio:

Centros comerciales
Dirección:
Horario:
Teléfono:
Tipos de tienda:

Salas de baile
Nombre:
Tipo de música:
Dirección:
Teléfono:

2.2 Todo el grupo Imagina que tus compañeros/as y tú van este fin de semana a Cartagena de Indias. Proponles un plan según la información que encontraste y acepta o rechaza sus propuestas.

3 **En grupos pequeños** Vamos a jugar a las instrucciones encadenadas con este plano del centro histórico de Cartagena de Indias. Un/a estudiante del grupo dice cómo llegar al primer lugar; su compañero/a, al siguiente, y así sucesivamente hasta completar el recorrido.

Casa de España · ① — Monumento Torre del Reloj · ② — Ciudad Amurallada · ③ — Plaza de Santo Domingo · ④

Baluarte de Santo Domingo · ⑧ — Plaza de Bolívar · ⑦ — Universidad · ⑥ — Catedral · ⑤

Pedir y dar información espacial

Recuerda:
- Perdón/Por favor, ¿**dónde está**…?/¿**cómo puedo ir a**…?
- (Mira/Mire),
  - **sigue/siga** todo recto por esta/la calle… hasta…
  - **gira/gire** a la derecha/izquierda… en…
  - **cruza/cruce** la calle…

Lugares

1 **Todo el grupo** ¿Conoces algún país de Latinoamérica? ¿Puedes hablar de algún lugar insólito de esta parte del mundo? Coméntalo con tus compañeros/as.

1.1 Acá tienes tres lugares sorprendentes de Latinoamérica. Lee los textos y relaciónalos con las imágenes. Hay una imagen que sobra. ¿Cuál es? ¿Conoces este lugar? ¿Sabes cómo se llama y dónde está?

El Salar de Uyuni, un desierto de sal

Con una extensión de casi 11 000 km², el Salar de Uyuni se encuentra a una altura de 3663 metros sobre el nivel del mar. Esta rareza geográfica se debe a la desecación de unos lagos prehistóricos que dejaron sus depósitos ricos en sal. Es la mayor reserva de litio del mundo y un sitio ideal para los amantes de la fotografía.

Vinicunca, la montaña de los siete colores

Es una montaña que está en los Andes de Perú, en la región de Cuzco, con una altitud de 5200 metros. Sus increíbles colores se deben a los minerales que hay en la tierra. La mejor época del año para visitarla es en agosto, ya que es estación seca y los colores destacan más.

Cenotes, depósitos de agua dulce

Son pozas de agua cristalina que existen en pocos lugares del mundo. La península de Yucatán contiene la mayor extensión de cenotes, con aproximadamente unos 6000 distribuidos a lo largo de su territorio. Los cenotes eran la fuente de los antiguos mayas, quienes además los consideraban la entrada al mundo de los muertos. En los cenotes se hace buceo arqueológico y, gracias a esta actividad, hoy, tenemos tesoros muy antiguos y restos de animales prehistóricos de incalculable valor: elefantes, mastodontes, tigres dientes de sable y armadillos gigantes.

①

②

③

④

insólitos
de Latinoamérica

Isla de Capurganá

Desierto de Atacama

Mapa de Centroamérica

GUATEMALA
Guatemala

HONDURAS
Tegucigalpa

S. Salvador
EL SALVADOR

NICARAGUA
Managua
Lago Nicaragua

COSTA RICA
San José

PANAMÁ
Panamá

Aconcagua

2 Completa este test para comprobar cuánto sabes de Latinoamérica.

1. La capital más alta del mundo es...
   a Quito.
   b. Lima.
   c. La Paz.

2. El segundo exportador mundial de flores es...
   a. México.
   b. Colombia.
   c. Guatemala.

3. ¿Cuál de estos países no tiene ejército?
   a. Costa Rica.
   b. Cuba.
   c. Nicaragua.

4. ¿Cuál de los siguientes países es uno de los principales exportadores mundiales de esmeraldas?
   a. Panamá.
   b. Colombia.
   c. Cuba.

5. Una de las mayores obras de ingeniería del mundo es...
   a. Machu Picchu.
   b. Las pirámides de Tikal.
   c. El canal de Panamá.

6. ¿Cuál es el país más chico de Centroamérica?
   a. Honduras.
   b. Costa Rica.
   c. El Salvador.

7. Uno de los glaciares más espectaculares del mundo está en...
   a. Chile.
   b. Cuba.
   c. Argentina.

8. La isla de Pascua, también conocida como Rapa Nui, pertenece a...
   a. Chile.
   b. Ecuador.
   c. Perú.

9. El Aconcagua, la montaña más alta de América, se encuentra en...
   a. Perú.
   b. Argentina.
   c. Chile.

10. El desierto más seco del mundo, el desierto de Atacama, está en...
    a. Chile.
    b. Perú.
    c. Bolivia.

2.1 Todo el grupo Corrige el test con toda la clase. ¿Cuántas preguntas tienes bien?

HOSTAL *Babel*

Antes del video

1 **En parejas** Es el último día en el hostal Babel antes del verano. Teniendo en cuenta lo que sabes de los huéspedes del hostal, ¿qué crees que van a hacer en sus vacaciones? Escríbelo y luego compara tus hipótesis con tu compañero/a.

Creo que este verano...

Hugo va a…	Tere va a…	Bea va a…	Carla va a…	Leo va a…

2 **En grupos pequeños** Para celebrar el fin de curso, Bea cocina los platos preferidos de sus amigos. Observa los que aparecen en las fotografías, ¿cuáles crees que prepara Bea para cada uno? ¿Por qué? Discútelo con tus compañeros/as.

Durante el video

3 Visiona el fragmento 00:30 ▶ 02:04 y escribe el plato que Bea cocina para cada uno.

Para Hugo, ... Para Carla, ...

Para Tere, ... Para Leo, ...

4 Visiona el fragmento 02:04 ○ 04:30, en el que nuestros amigos conversan sobre sus planes para las vacaciones, y di si las siguientes afirmaciones son verdaderas o falsas. Si son falsas, corrige la información.

1. Tere va a ir a Cádiz y piensa estar de fiesta todos los días. .... V F
2. Tere reprobó la asignatura de Finanzas. .... V F
3. Tere va a estudiar dos semanas antes del examen. .... V F
4. Hugo va a visitar a sus amigos en México. .... V F
5. Hugo ya tiene los boletos de avión. .... V F
6. Hugo va a regresar a España en agosto. .... V F

7. Hugo quiere viajar por Europa antes de empezar el curso en la universidad. .... V F
8. Hugo piensa hacer el Camino de Santiago. .... V F
9. Bea conoce el Camino de Santiago. .... V F
10. Leo no piensa viajar porque tiene que estudiar... V F
11. Leo va a pasar el verano solo con Bea. .... V F
12. Bea no va a tener vacaciones este verano. .... V F

5 **En parejas** Carla empieza a hablar de sus planes en el fragmento 04:30 ○ 05:04. Visiónalo. ¿A dónde crees que va? ¿Por qué? Conversa con tu compañero/a.

5.1 Visiona la última parte del video 05:04 ○ final y comprueba tus hipótesis.

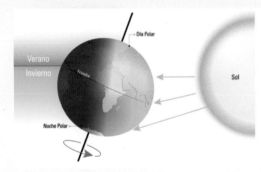

Nota cultural

Las estaciones del año ocurren en el hemisferio sur de manera inversa a como lo hacen en el hemisferio norte. En el hemisferio sur, el verano se extiende entre diciembre y marzo, mientras que el invierno lo hace entre junio y septiembre.

Después del video

6 **En grupos pequeños** ¿Cuáles son tus planes para las vacaciones? ¿Piensas estudiar español? ¿Vas a hacer algún viaje? Coméntalo con tus compañeros/as.

7 **Todo el grupo** Y, para terminar, vamos a poner a prueba tus conocimientos sobre nuestros amigos del hostal Babel. Tu profesor/a te va a dar las instrucciones.

A	H	R ....
B	I	S ....
C	L	T ....
D	M	U ....
E	N	V ....
F	Ñ	X ....
G	P	

Evaluación

1 Observa la foto y responde a las preguntas.

1. ¿Cómo es físicamente el niño de la foto? ....
....
2. ¿Cómo crees que es el carácter de la mujer? ....
3. ¿Con quién está el hombre que hace la foto? ....
4. ¿Dónde están? ....
5. ¿Qué están haciendo? ....

2 En todas las frases hay algún error. Corrígelas.

1. A mí encanta ir a exposiciones. ....
2. Ramón le interesa mucho el arte. ....
3. Nos dolemos las piernas. ....
4. ▶ ¿Te gusta el arroz?   ▷ ¡Sí! ¡Me encanta mucho! ....
5. A Sonia y a Paco le gusta dormir hasta las diez los fines de semana. ....
6. ▶ A mi hermana y a mí nos encanta bailar.   ▷ ¡A nosotros tampoco!
....
7. ▶ Me duele mucho la cabeza.   ▷ Yo también. ....
8. Me gusta nada cantar en público. ....

3 Escribe estas acciones en el orden en el que las haces normalmente.

| Regresar a casa. | Hacer las compras. | Ir a clase/al trabajo. | Desayunar. | Bañarse. Acostarse. | Almorzar. | Cenar. | Levantarse. |

Normalmente me levanto temprano, a las… ....
....
....
....

4 Completa esta receta típica española usando la forma *usted* del imperativo.

PAN CON TOMATE Y JAMÓN

Ingredientes para 2 personas:

4 rebanadas de pan   100 g de jamón

2 tomates maduros   aceite de oliva   sal

Elaboración:

[1] .... (Tostar) el pan.
[2] .... (Cortar) los tomates por la mitad y [3] .... (frotar) la parte cortada del tomate en el pan tostado. [4] .... (Poner) aceite de oliva sobre el pan y [5] .... (añadir) un poco de sal. Por último, [6] .... (colocar) sobre la rebanada dos lonchas de jamón.

5 Elige la opción correcta.

1. No hay **ningún/algún** problema. Puedes inscribirte mañana en el curso de inglés.
2. **Nadie/Alguien** puede pagar esa cantidad de dinero, es demasiado.
3. Tengo **algunas/ningunas** dudas que necesito aclarar.
4. **Nadie/Nada** quiere venir con nosotros al cine.
5. ▶ ¿Hay **algo/nada** para cenar?
   ▷ No, no queda **algo/nada** en la heladera.
6. Mira, acá hay **algo/nada**. Vamos a ver qué es.
7. El profesor se enoja si **ninguno/ningún** de los estudiantes presenta sus trabajos a tiempo.
8. **Algunos/Ningunos** libros están disponibles en la biblioteca; otros tienes que comprarlos.

6 Lee esta reservación para ir a la isla de San Andrés y contesta a las preguntas.

Andreams

¿Prefieres por teléfono?
900 67 14 98

Tu viaje a isla de San Andrés

✈ Vuelo: 30-Mar al 1-Abr 👤 2 adultos   Precio por persona $161.44

Vuela Colombia (FC 8160)
15:50 Rafael Núñez (CTG) Cartagena – Colombia
17:20 San Andres Island (ADZ), isla de San
Andrés – Colombia
1 h 30 min Directo

→

Vuela Colombia (FC 8161)
12:00 San Andres Island (ADZ), isla de San
Andrés – Colombia
13:30 Rafael Núñez (CTG) Cartagena – Colombia
1 h 30 min Directo

1. ¿Cuánto dura el viaje? ....
2. ¿Qué día sale? ....
3. ¿Qué día regresa? ....
4. ¿A qué hora sale el vuelo de Cartagena? ....
5. ¿A qué hora llega el vuelo a Cartagena? ....
6. ¿Cómo se llama la compañía aérea? ....
7. ¿Cuál es el número de vuelo del 1 de abril? ....
8. ¿Cuánto cuesta el viaje? ....
9. ¿Cuál es el número de teléfono para las reservaciones? ....

7 Responde a las siguientes preguntas del apartado "Cultura".

1. ¿Qué metal podemos encontrar en abundancia en el Salar de Uyuni? ....
2. ¿A cuántos metros sobre el nivel del mar se encuentra el Salar de Uyuni? ....
3. ¿Cuál es la mejor época para visitar Vinicunca? ....
4. ¿Cuántos metros mide la montaña Vinicunca? ....
5. ¿En qué parte de México existe un mayor número de cenotes? ....
6. ¿Qué animales prehistóricos se encuentran en estos cenotes? ....

Apéndices

Pronunciación y ortografía

1 Lee la información y divide las palabras en sílabas.

La sílaba

- En español, las palabras se dividen en **sílabas**:

  ca-sa, tren, ex-tran-je-ro

- Hay palabras formadas por una, dos, tres, cuatro o cinco sílabas:

  mar, si-lla, ven-ta-na, sim-pá-ti-co, a-fir-ma-ti-vo

  También hay palabras con más de cinco sílabas *(la-ti-no-a-me-ri-ca-no)* pero son menos frecuentes.

- Una sílaba puede estar formada por:
  - una o varias vocales: *a-gua, ai-re*
  - una vocal y una consonante: *ca-sa, ir*
  - una vocal y varias consonantes: *a-mor, cla-se*

  > Fíjate:
  > Todas las sílabas tienen, al menos, una vocal.

- Cuando una palabra tiene dos o más sílabas, una de ellas se pronuncia con más énfasis que el resto. Es la **sílaba tónica**:

  <u>ca</u>-sa, extran-<u>je</u>-ro, <u>si</u>-lla, ven-<u>ta</u>-na, sim-<u>pá</u>-ti-co, a-fir-ma-<u>ti</u>-vo, a-<u>mor</u>, <u>cla</u>-se; <u>a</u>-gua

2 Divide las palabras resaltadas en sílabas.

①  Tener **calor** ....

② Tener **sed** ....

③  Tener **hambre** ....

④  Mi **amiga** ....

⑤  El **teléfono** ....

⑥  El **pan** ....

⑦  El **abanico** ....

⑧  Los **zapatos** ....

⑨  La **cama** ....

3 Busca en la unidad palabras con una, dos, tres y cuatro sílabas y anótalas.

1 🔊 Escucha los siguientes pares y fíjate en los sonidos destacados, ¿son iguales (=) o diferentes (≠). Marca los diferentes.

[44]

☐ varios - barrios	☐ un **v**iaje - el **v**iaje	☐ **h**otel - **h**ospital
☐ casa – caza	☐ cara - cada	☐ caro - carro
☐ bello - vello	☐ la **b**iblioteca - una **b**iblioteca	☐ poco - un poco
☐ peces – peses	☐ en **G**uatemala - de **G**uatemala	☐ ¿Qué hay? - ¿Hay escuelas?

2 🔊 Marca las palabras que escuchas.

[45]

☐ al lado	☐ bajo	☐ sillas	☐ caso	☐ Palencia	☐ espera
☐ rama	☐ vegano	☐ coro	☐ mango	☐ baños	☐ hora

3 🔊 Escucha la canción y marca las palabras que oyes.

[46]

☐ quinto	☐ cuántos	☐ Suiza	☐ Francia	☐ Marruecos	☐ tener
☐ café	☐ agua	☐ ¿Qué tal?	☐ sueco	☐ flamenco	☐ cinco
☐ México	☐ tango	☐ Guinea	☐ playa	☐ pagar	☐ rojo

4 Ahora lee la canción y comprueba tu respuesta anterior.

Mi casa está en un quinto piso,
desde aquí puedo ver todo Madrid.
Miro hacia el sur y me imagino
que me voy de viaje muy lejos de aquí.

Estribillo
Quiero viajar por todo el mundo,
desde Guinea hasta Hong Kong.
Quiero viajar por todo el mundo,
desde la India a Nueva York.

Ir a una playa al sur de Francia,
visitar La Habana y tocar el bongo,
cantar flamenco en Sevilla,
¿qué tal ir a Marruecos
y luego volar a Japón?

Estribillo

Sueño viajar por todo el planeta,
¡cuántos amigos deseo tener!
Sueño viajar por todo el planeta,
¡cuántos amigos deseo tener!

Bailar un tango en Argentina,
cantar en Memphis un *rock and roll*,
comer pimiento rojo en México,
cruzar la línea del ecuador.

Estribillo

Bailar tango

Tocar el bongo

Cantar flamenco

Línea del Ecuador (Quito, Ecuador)

1 🔊 Escucha e identifica qué movimiento de la boca se corresponde con las vocales de cada serie de palabras. No importa ahora el significado.
[47]

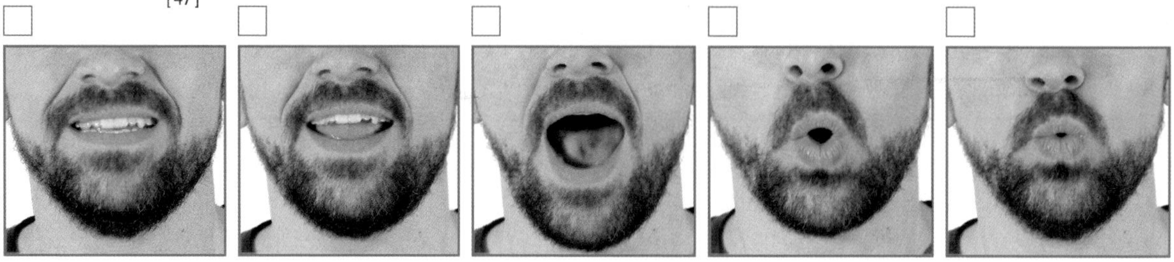

☐ ☐ ☐ ☐ ☐

2 🔊 Escucha y clasifica las palabras según la vocal que contienen.
[48]

I	E	A	O	U

3 🔊 Escucha las palabras y escríbelas en su lugar correspondiente, según el diptongo que contienen.
[49]

> 👉 Un diptongo es la aparición en una misma sílaba de dos vocales distintas que se pronuncian juntas.

AI › .... **IA** › ....
EI › *..aceite*..................... **IE** › ....
OI › .... **IO** › .... **UI** › ....
AU › .... **UA** › .... **IU** › ....
EU › .... **UE** › ....
OU › .... **UO** › ....

3.1 Ahora busca una palabra más para cada grupo. ¿Hay alguno que no puedes completar?

3.2 🔊 Escucha estos pares de palabras. ¿Qué diferencia hay? ¿Significan lo mismo? ¿Se te ocurre alguno más? Anótalo.
[50]

- vida – viuda
- huevo – hubo
- mido – miedo
- piano – pino
- luego – Lugo
- lavo – labio

> 👉 Siempre debes pronunciar las dos vocales que forman el diptongo. Si no, puede haber confusiones, ya que hay palabras que solo se diferencian por una vocal.

*Tengo **miedo**.*    ***Mido** dos metros diez.*

1 Escucha estas series de palabras y escribe las que tienen el sonido /x/ (como en *gente* o *reloj*).

[51]

....

2 Acá tienes una serie de pares mínimos, parejas de palabras que, en la mayoría de los casos, solo se diferencian por un sonido. Marca, en cada par, cuál de ellas escuchas primero.

[47]

- casa – gasa
- roja – roca
- lijar – ligar
- mago – majo
- goma – coma
- rasgar – rascar

3 Lee la información y escucha la pronunciación de estas palabras.

[53]

Letras *g/j*	
Sonido /x/	**Sonido /g/**
• **g** + e, i: *gente, girasol*	• **g** + a, o, u: *galleta, gorro, guapo*
• **j** + a, e, i, o, u: *jamón, jefe, jirafa, joven, jueves*	• **gu** + e, i: *guerra, guitarra*

3.1 Completa las siguientes palabras con *g*, *gu* o *j*.

1. ca.....ón
2. o.....o
3. má.....ico
4. .....ema
5. .....irasol
6. .....untos
7. mon.....a
8. ima.....en
9. traba.....o
10. .....ato
11. .....orro
12. .....errero
13. á.....ila
14. .....alaxia
15. .....ía
16. .....azpacho
17. .....abón
18. abri.....o

3.2 Escribe algunas de las palabras anteriores debajo de su imagen correspondiente.

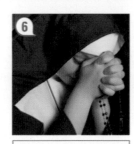

3.3 Ahora busca todas las palabras de la actividad 3.1 en el diccionario para comprobar que están bien escritas.

1 Escucha y subraya las palabras que escuchas.

[54]

/l/			/r/			/rr/		
luna	miel	alcalde	pera	arado	oro	hierro	roto	rústico
hostal	limón		mirar	permitir		rabia	carreta	

2 Practica con los siguientes pares de palabras pronunciándolos en voz alta. Luego escribe en tu cuaderno una frase con sentido con cada una de estas palabras. Puedes usar el diccionario.

- para – parra
- celo – cero
- rima – lima
- suero – suelo
- pelo – perro
- bola – borra
- mira – mirra

parra

lima

suero

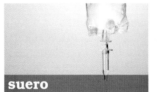
mirra

3 Une con líneas las palabras que se dicen.

[55]

ROPA	MAR	PERRO	RIMA
MORAL	MAL	LILA	PERRA
RAMO	SUELO	LIMA	LAPA
RARO	SUERO	LATA	PERA

HIELA	CELO	CHURRO	CARETA
LISA	ALA	VARA	CORO
AHORRA	CORRO	ARA	BARRA
CARO	LABIO	CARRO	AHORA

4 Primero, lee la información y luego escribe las palabras que escuchas.

[56]

Grafías *r* o *rr*

Posición	Sonido suave	Sonido fuerte
Al principio de palabra	No existe	Letra *r*: *rama, rojo, rubia*
Entre vocales	Letra *r*: *hora, Uruguay, amarillo*	Letra *rr*: *carro, perro, parra*
Al final de palabra o sílaba	Letra *r*: *amar, partir, esconder*	No existe
Tras las consonantes *l*, *n* y *s*	No existe	Letra *r*: *Enrique, Israel, alrededor*

1. ....
2. ....
3. ....
4. ....
5. ....

6. ....
7. ....
8. ....
9. ....
10. ....

1 [57] Lee la información y luego escucha y repite las palabras que aparecen debajo.

Los sonidos /ch/, /y/. La letra y

- **/ch/** es un sonido que se compone de dos letras: *chocolate, chico.*
- La letra **y** tiene dos pronunciaciones:
    - Como vocal, se pronuncia igual que /i/, como en las palabras *hoy* o *hay.*
    - Como consonante, se pronuncia /y/, un sonido muy similar al de /ll/: *hierba, oye, calle.*

En muchas zonas de habla hispana, los sonidos /y/ y /ll/ se pronuncian igual.

• yuca	• mayoría	• rayo
• yegua	• ayudar	• playa

• muchacho	• chancla	• bache
• chorizo	• chamarra	• pecho

1.1 [58] A continuación vas a oír una serie de palabras con un número. Escucha atentamente y coloca el número de cada palabra en el recuadro correspondiente.

/ch/ ☐ ☐ ☐ ☐   /y/ ☐ ☐ ☐ ☐

1.2 Completa con *y* o *ll*.

1. ..... uvia
2. ..... o
3. ..... egua
4. ..... aves

5. ..... ema
6. po ..... o
7. ra ..... o
8. ..... orar

> Recuerda:
> - Cuando la letra **y** es conjunción y la palabra siguiente comienza por la letra **i**, la **y** se cambia por **e**: *Sonia habla francés e inglés.*
> - La letra **y** puede pronunciarse como vocal o como consonante cuando aparece en contacto con otra vocal: *doy, Paraguay, rey/desmayar, trayecto, reyes*
> - En la zona del Río de la Plata, el sonido /y/ es similar al sonido /sh/ (como el nombre de la cantante colombiana: *Shakira*).

2 [59] Teniendo en cuenta la información anterior, escucha y escribe el dictado en tu cuaderno.

1 Lee en voz alta estos pares de palabras. ¿Hay alguna diferencia?

- tu/tú
- el/él
- se/sé
- mi/mí
- te/té
- si/sí

2 Lee esta información. ¿Hay alguna diferencia en la pronunciación de estas palabras?

Fíjate:
Esta tilde sirve para diferenciar dos o más funciones de una misma palabra.

La tilde diacrítica

- **tu** › adjetivo posesivo:
  *Esta tarde voy a **tu** casa.*
- **el** › artículo determinado:
  El café está un poco lejos.
- **se** › pronombre personal:
  *Todos los días **se** levanta tarde.*
- **mi** › adjetivo posesivo:
  *Este es **mi** libro.*
- **te** › pronombre personal:
  *¿Qué **te** pasa? ¿Estás enfermo?*
- **si** › conjunción condicional:
  Si quieren, vamos al cine esta tarde.

- **tú** › pronombre personal:
  *Eso lo dices **tú**.*
- **él** › pronombre personal:
  *Me voy en auto con **él**.*
- **sé** › presente del verbo *saber (yo):*
  *Ya **sé** dónde están las llaves.*
- **mí** › pronombre personal:
  *¿Este regalo es para **mí**? ¡Chévere!*
- **té** › nombre (infusión):
  *Compro un **té** rojo buenísimo.*
- **sí** › adverbio afirmativo:
  ▶ *Oye, ¿puedo usar tu celular?*
  ▷ *Sí, claro, por supuesto.*

3 Elige la opción correcta según la información anterior.

1. Ya **se/sé** que debo esforzarme más.
2. **El/Él** prepara la cena esta noche.
3. **Mi/Mí** papá es arquitecto.
4. **El/Él** amigo de Juan es muy amable.
5. **Si/Sí**, ya lo veo.
6. La obra **se/sé** estrena en el Teatro Real.
7. **Tu/Tú** tienes que estudiar más.
8. ¡Qué frío! ¿Nos tomamos un **te/té**?
9. **Si/Sí** vienes, te daré la valija.
10. **Te/Té** telefoneo y nos vemos.
11. Podemos ver el filme en **tu/tú** departamento.
12. A **mi/mí** me gusta jugar en el parque.

4 Escucha y escribe correctamente las frases.

[60]

1. ....
2. ....
3. ....
4. ....
5. ....
6. ....
7. ....
8. ....

1 Escucha y subraya qué palabras con el sonido /ñ/ se dicen de la siguiente lista.

[61]

España   niño   regañar   daño

año   piña   cariño   muñeca

2 Escucha y numera las siguientes palabras según el orden en el que se dicen. Fíjate en la diferencia de pronunciación entre /n/ y /ñ/.

[62]

☐ peña   ☐ cana   ☐ Miño   ☐ mino   ☐ caña   ☐ pena

Peña: pico o montaña.

Cana: pelo blanco.

Miño: río de Galicia, al noroeste de España.

Mino: sinónimo de *gato*.

Caña: instrumento que se usa para pescar.

Pena: tristeza.

3 Escucha y completa los siguientes pares de palabras con consonantes. Ten en cuenta que, en cada par, una de las palabras siempre va a contener la eñe y la otra puede

[63] contener cualquier consonante.

1. ni.....o – ni.....o   3. ca.....o – ca.....o   5. u.....a – hu.....a

2. Espa.....a – espa.....a   4. mo.....o – mo.....o   6. ba.....a – ba.....a

1 Lee la información y escribe dos ejemplos en los que una sílaba cambia el significado de la palabra.

La sílaba

- Como ya sabes, las palabras están formadas por **sílabas**: *va-li-ja, me-lo-co-tón*; y estas por, al menos, una vocal: *a-le-mán*. No existen sílabas formadas solo por consonantes.

- Si en la palabra *casa* cambiamos la sílaba *-sa* por *-ma*, tenemos la palabra *cama*, que es una palabra con un significado diferente.

calor/dolor ..../........................ ..../........................

2 Lee y completa el cuadro con estas palabras. Luego divídelas en sílabas y marca la sílaba tónica.

feliz | hipódromo | caballo | cómpratelo | marítimo | árbol | cómetela | cartón

Tipos de palabras según la sílaba tónica

La **sílaba tónica** de una palabra es aquella que se pronuncia con mayor fuerza o énfasis que el resto. Teniendo en cuenta la sílaba tónica, en español podemos clasificar las palabras en:

- **Agudas** › la sílaba tónica es la **última** (▬ ▬ ◢):
  ja-món, per-diz, [1] ...., [2] ....
- **Llanas** › la sílaba tónica es la **penúltima** (▬ ◢ ▬):
  ca-sa, ven-ta-na, [3] ...., [4] ....
- **Esdrújulas** › la sílaba tónica es la **antepenúltima** (◢ ▬ ▬):
  fan-tás-ti-co, lá-gri-ma, [5] ...., [6] ....
- **Sobresdrújulas** › la sílaba tónica es la **anterior a la antepenúltima** (◢ ▬ ▬ ▬):
  cán-ta-se-lo, di-bú-ja-me-lo, [7] ...., [8] ....

3 [64] Lee la información, escucha con atención y pon la tilde en la vocal adecuada de las palabras que aparecen debajo. Hay dos palabras que no llevan tilde, ¿cuáles son? Justifica por qué no la llevan.

Reglas generales de acentuación

El acento ortográfico en español se llama *tilde*.

- Las palabras agudas se acentúan si acaban en *-n*, *-s* o **vocal**: *cajón, compás, mamá*...

- Las palabras llanas se acentúan si terminan en consonantes diferentes a *-n* o *-s*: *césped, fácil, carácter*...

- Las palabras esdrújulas y sobresdrújulas se acentúan **siempre**: *brújula, lámpara, médico, quítatelo*...

- Los adverbios que terminan en *-mente* conservan la tilde del adjetivo del que derivan: *rápidamente* (de *rápido*).

- digaselo
- simpatico
- rubi
- vehiculo
- catedral
- quitaselo
- gramatica
- azucar
- Cantabrico
- volcan
- acercamelo
- Lopez
- sarten
- caravana
- facilmente

Ficha 10 | Las frases interrogativas y exclamativas

1 Lee atentamente la siguiente información y compárala con lo que sucede en tu lengua. ¿En qué se diferencia del español? ¿Existen en ella estos signos de puntuación?

Los signos de interrogación y de exclamación

- Los signos de interrogación y de exclamación se usan para representar en la escritura enunciados interrogativos y exclamativos directos:

  ¿Comes en casa?

  ¿Dónde vas a comprar el saco?

  ¡Eso es una injusticia!

  ¡Qué magnífica pintura!

- Como puedes observar, en español tanto los signos de interrogación como los de exclamación son dos: de apertura (**¿ ¡**) y de cierre (**? !**), y se colocan al principio y al final de cada enunciado.

  Es obligatorio poner los dos signos y nunca se escribe punto después de ellos.

2 A continuación tienes el esquema entonativo básico del español. Escucha atentamente el siguiente audio. Después incluye cada ejemplo en un pequeño diálogo y léelo en clase.

[65]

Esquema entonativo básico del español

Frases afirmativas	**Frases interrogativas**		**Frases exclamativas**
Viene.	*¿Viene?* (total)	*¿Cuándo viene?* (parcial)	*¡Viene!*

3 Vas a escuchar un diálogo en un mercado. Presta atención a la entonación y escribe los signos de interrogación y exclamación que faltan.

[66]

> Recuerda:
> Las partículas interrogativas *qué, dónde, cuándo, cómo*... llevan tilde en las preguntas y exclamaciones.

▷ Hola, buen día.

▶ Buen día.

▷ Qué desea.

▶ Tiene chiles.

▷ Sí. Tenemos chiles rojos y verdes.

▶ Cuánto cuesta el kilo.

▷ Los chiles rojos están a cuatro dólares el kilo y los verdes, a dos dólares con cincuenta.

▶ Qué caros los chiles rojos. Póngame mejor medio kilo de chiles verdes, por favor.

▷ Acá tiene. Desea algo más.

▶ No, nada más. Cuánto es.

▷ Es un dólar con veinticinco centavos, por favor.

▶ Acá tiene, gracias.

▷ A usted.

Tabla de verbos

Verbos regulares

1.ª conjugación -AR CANTAR	2.ª conjugación -ER COMER	3.ª conjugación -IR VIVIR
canto	como	vivo
cantas	comes	vives
canta	come	vive
cantamos	comemos	vivimos
cantáis	coméis	vivís
cantan	comen	viven

Verbos reflexivos regulares

Afeitarse	Bañarse	Lavarse	Levantarse	Peinarse
me afeito	**me** baño	**me** lavo	**me** levanto	**me** peino
te afeitas	**te** bañas	**te** lavas	**te** levantas	**te** peinas
se afeita	**se** baña	**se** lava	**se** levanta	**se** peina
nos afeitamos	**nos** bañamos	**nos** lavamos	**nos** levantamos	**nos** peinamos
os afeitáis	**os** bañáis	**os** laváis	**os** levantáis	**os** peináis
se afeitan	**se** bañan	**se** lavan	**se** levantan	**se** peinan

Verbos irregulares

Verbos con irregularidad vocálica

• E › IE

Cerrar	Comenzar	Despertarse	Divertirse	Empezar
cierro	comienzo	me despierto	me divierto	empiezo
cierras	comienzas	te despiertas	te diviertes	empiezas
cierra	comienza	se despierta	se divierte	empieza
cerramos	comenzamos	nos despertamos	nos divertimos	empezamos
cerráis	comenzáis	os despertáis	os divertís	empezáis
cierran	comienzan	se despiertan	se divierten	empiezan

Entender	Merendar	Pensar	Perder	Querer
entiendo	meriendo	pienso	pierdo	quiero
entiendes	meriendas	piensas	pierdes	quieres
entiende	merienda	piensa	pierde	quiere
entendemos	merendamos	pensamos	perdemos	queremos
entendéis	merendáis	pensáis	perdéis	queréis
entienden	meriendan	piensan	pierden	quieren

• O › UE

Acordarse	Acostarse	Almorzar	Contar	Dormir	Encontrar
me acuerdo	me acuesto	almuerzo	cuento	duermo	encuentro
te acuerdas	te acuestas	almuerzas	cuentas	duermes	encuentras
se acuerda	se acuesta	almuerza	cuenta	duerme	encuentra
nos acordamos	nos acostamos	almorzamos	contamos	dormimos	encontramos
os acordáis	os acostáis	almorzáis	contáis	dormís	encontráis
se acuerdan	se acuestan	almuerzan	cuentan	duermen	encuentran

Poder	Recordar	Resolver	Soler	Soñar	Volver
puedo	recuerdo	resuelvo	suelo	sueño	vuelvo
puedes	recuerdas	resuelves	sueles	sueñas	vuelves
puede	recuerda	resuelve	suele	sueña	vuelve
podemos	recordamos	resolvemos	solemos	soñamos	volvemos
podéis	recordáis	resolvéis	soléis	soñáis	volvéis
pueden	recuerdan	resuelven	suelen	sueñan	vuelven

• E › I

Elegir	Pedir	Reírse	Repetir	Servir	Vestirse
elijo	pido	me río	repito	sirvo	me visto
eliges	pides	te ríes	repites	sirves	te vistes
elige	pide	se ríe	repite	sirve	se viste
elegimos	pedimos	nos reímos	repetimos	servimos	nos vestimos
elegís	pedís	os reís	repetís	servís	os vestís
eligen	piden	se ríen	repiten	sirven	se visten

• U › UE   • I › Y

Jugar	Concluir	Construir	Contribuir	Destruir	Huir
juego	concluyo	construyo	contribuyo	destruyo	huyo
juegas	concluyes	construyes	contribuyes	destruyes	huyes
juega	concluye	construye	contribuye	destruye	huye
jugamos	concluimos	construimos	contribuimos	destruimos	huimos
jugáis	concluís	construís	contribuís	destruís	huis
juegan	concluyen	construyen	contribuyen	destruyen	huyen

Verbos irregulares en la primera persona

• Verbos en -ZC-

Conocer	Introducir	Producir	Traducir	Obedecer
cono**zco**	introdu**zco**	produ**zco**	tradu**zco**	obede**zco**
conoces	introduces	produces	traduces	obedeces
conoce	introduce	produce	traduce	obedece
conocemos	introducimos	producimos	traducimos	obedecemos
conocéis	introducís	producís	traducís	obedecéis
conocen	introducen	producen	traducen	obedecen

Otros irregulares en primera persona

Caer	Hacer	Poner	Salir	Traer	Valer
caigo	**hago**	**pongo**	**salgo**	**traigo**	**valgo**
caes	haces	pones	sales	traes	vales
cae	hace	pone	sale	trae	vale
caemos	hacemos	ponemos	salimos	traemos	valemos
caéis	hacéis	ponéis	salís	traéis	valéis
caen	hacen	ponen	salen	traen	valen

Dar	Saber	Ver
doy	**sé**	**veo**
das	sabes	ves
da	sabe	ve
damos	sabemos	vemos
dais	sabéis	veis
dan	saben	ven

Verbos con dos irregularidades

Decir	Oír	Oler	Tener	Venir
digo	**oigo**	**hue**lo	**tengo**	**vengo**
dices	oyes	**hue**les	tienes	vienes
dice	oye	**hue**le	tiene	viene
decimos	oímos	olemos	tenemos	venimos
decís	oís	oléis	tenéis	venís
dicen	oyen	**hue**len	tienen	vienen

<table>
<tr><td colspan="2">Recuerda:</td></tr>
</table>

> Recuerda:
> - El verbo *haber* solo se usa para formar los tiempos compuestos de los verbos.
> - Cuando funciona como verbo impersonal, tiene una forma especial en presente, *hay*:
>   *Hay un árbol en la esquina.*
>   *Hay árboles en el parque.*
> - El verbo *estar* cambia la sílaba tónica habitual del presente de indicativo en todas las personas excepto en *nosotros/as* y *vosotros/as* (por eso algunas formas llevan tilde).

Verbos con irregularidades propias

Haber	Ir	Estar	Ser
he	voy	estoy	soy
has	vas	estás	eres
ha	va	está	es
hemos	vamos	estamos	somos
habéis	vais	estáis	sois
han	van	están	son

Verbos que se construyen como *gustar*

Doler	Encantar	Molestar	Parecer
me duele/duelen	me encanta/encantan	me molesta/molestan	me parece/parecen
te duele/duelen	te encanta/encantan	te molesta/molestan	te parece/parecen
le duele/duelen	le encanta/encantan	le molesta/molestan	le parece/parecen
nos duele/duelen	nos encanta/encantan	nos molesta/molestan	nos parece/parecen
os duele/duelen	os encanta/encantan	os molesta/molestan	os parece/parecen
les duele/duelen	les encanta/encantan	les molesta/molestan	les parece/parecen

Imperativo afirmativo

Verbos regulares

	1.ª conjugación -AR CANTAR	2.ª conjugación -ER COMER	3.ª conjugación -IR VIVIR
tú	canta	come	vive
usted	cante	coma	viva
vosotros/as	cantad	comed	vivid
ustedes	canten	coman	vivan

Verbos irregulares

Irregularidades vocálicas

- **E › IE**

Cerrar	Empezar	Pensar
cierra	empieza	piensa
cierre	empiece	piense
cerrad	empezad	pensad
cierren	empiecen	piensen

- **O › UE**

Contar	Dormir	Volver
cuenta	duerme	vuelve
cuente	duerma	vuelva
contad	dormid	volved
cuenten	duerman	vuelvan

• U › UE

Jugar
jue**ga**
jue**gue**
jugad
jue**guen**

• E › I

Elegir	Pedir	Vestir
el**i**ge	p**i**de	v**i**ste
el**i**ja	p**i**da	v**i**sta
elegid	pedid	vestid
el**i**jan	p**i**dan	v**i**stan

• I › Y

Construir	Huir
construy**e**	huy**e**
construy**a**	huy**a**
construid	huid
construy**an**	huy**an**

Verbos completamente irregulares

Decir	Hacer	Ir	Oír	Poner	Salir	Ser	Tener	Venir
di	**haz**	**ve**	**oye**	**pon**	**sal**	**sé**	**ten**	**ven**
diga	**haga**	**vaya**	**oiga**	**ponga**	**salga**	**sea**	**tenga**	**venga**
decid	haced	id	oíd	poned	salid	sed	tened	venid
digan	**hagan**	**vayan**	**oigan**	**pongan**	**salgan**	**sean**	**tengan**	**vengan**

☞ La 2.ª persona del plural *(vosotros/as)* del imperativo es siempre regular.

Verbos reflexivos

Acostarse	Despertarse	Dormirse	Levantarse	Reírse	Vestirse
ac**ué**sta**te**	desp**ié**rta**te**	d**ué**rme**te**	levánta**te**	ríe**te**	víste**te**
ac**ué**ste**se**	desp**ié**rte**se**	d**ué**rma**se**	levánte**se**	ría**se**	vísta**se**
acosta**os**	desperta**os**	dormí**os**	levanta**os**	reí**os**	vestí**os**
ac**ué**sten**se**	desp**ié**rten**se**	d**ué**rman**se**	levánten**se**	rían**se**	vístan**se**

Pretérito

Verbos regulares

1.ª conjugación -AR CANTAR	2.ª conjugación -ER COMER	3.ª conjugación -IR VIVIR
cant**é**	com**í**	viv**í**
cant**aste**	com**iste**	viv**iste**
cant**ó**	com**ió**	viv**ió**
cant**amos**	com**imos**	viv**imos**
cant**asteis**	com**isteis**	viv**isteis**
cant**aron**	com**ieron**	viv**ieron**

Ser/Ir	Tener	Hacer	Estar	Dar
fui	**tuve**	**hice**	**estuve**	**di**
fuiste	**tuviste**	**hiciste**	**estuviste**	**diste**
fue	**tuvo**	**hizo**	**estuvo**	**dio**
fuimos	**tuvimos**	**hicimos**	**estuvimos**	**dimos**
fuisteis	**tuvisteis**	**hicisteis**	**estuvisteis**	**disteis**
fueron	**tuvieron**	**hicieron**	**estuvieron**	**dieron**

Glosario[1]

A

abdomen, el	stomach
abierto/a	open
abogado/a, el/la	lawyer
abrigo, el	coat
abrir	to open
abuelo/a, el/la	grandfather/grandmother
acá	here
acampada, la	camping (the act of)
acampar	to camp
aceite, el	oil
aceptar	to accept
acoso escolar, el	bullying
acostarse	to go to bed, lie down
adecuado/a	suitable, adequate
además	besides
aeropuerto, el	airport
afeitarse	to shave
afición, la	hobby, fondness, liking
agarrar	to grab
agradable	nice, pleasant
agua, el	water
aguantar	to endure
ahí	there
ahora	now
ahorrar	to save
alegre	happy
algo	something
alguno/a	some, any
alimentación, la	food
alimentarse	to feed
alioli, el	aioli
allá	there
almacenado/a	stored
almendra, la	almond
almorzar	to have lunch
almuerzo, el	lunch
altitud, la	altitude
amable	friendly, kind
amarillo/a	yellow
amigo/a, el/la	friend
amistad, la	friendship
andar	to walk
aniquilación, la	annihilation, eradication
antes	before
antiguo/a	old, ancient
antipático/a	unfriendly
añadir	to add
año, el	year
apagar	to turn off
apellido, el	surname, last name

apetecer	to crave, feel like
apetito, el	appetite
apoyar	to support
aprender	to learn
apto/a	suitable
árbol, el	tree
arena, la	sand
arete, el	earring
armadillo, el	armadillo
arqueológico/a	archaeological
arquitecto/a, el/la	architect
arquitectura, la	architecture
arroba, la	at (@)
arroz, el	rice
artesanía, la	crafts
asado/a	roasted
aseo, el	toilet
asequibilidad, la	affordability
asequible	affordable
así	so, thus
atención, la	attention
ático, el	attic
auditorio, el	auditorium
aunque	although
auto, el	car, automobile
avanzar	to advance
ave, el	bird
avión, el	airplane
ayudar	to help
ayuntamiento, el	city hall
azúcar, el	sugar
azul	blue

B

bacalao, el	cod (type of fish)
bailar	to dance
baile, el	dance
bajar	to go down, lower
bajo/a	short, low
balcón, el	balcony
banco, el	bank
bandera, la	flag
bañarse	to bathe, take a bath
baño, el	bathroom
barato/a	cheap, inexpensive
barba, la	beard
¡bárbaro!	OK!, Wonderful!
barco, el	ship
barra, la	bar
barriga, la	belly
barrio, el	neighborhood

básquet(bol), el	basketball
basura, la	garbage
beber	to drink
bebida, la	drink
bello/a	beautiful, pretty
beneficio, el	benefit
bermudas, las/los	shorts (pair of)
beso, el	kiss
biblioteca, la	library
bicicleta, la	bicycle
bienestar, el	well-being, wellness
bienvenido/a	welcome
bigote, el	mustache
blanco/a	white
boca, la	mouth
boleto, el	ticket
bolsa, la	purse, pocketbook
bombero/a, el/la	firefighter
botana, la	snack, appetizer
bote, el	boat (small)
botella, la	bottle
brazo, el	arm
brusco/a	sudden, violent, rough
bucear	to dive
buceo, el	diving
bueno/a	good
bufanda, la	scarf
bufé, el	buffet
bufete (de abogados), el	office, firm (of lawyers)
buscar	to look for

C

caballo, el	horse (stallion)
cabeza, la	head (anatomy)
cada	each, every
cadena, la	chain
caer	to fall
café, el	coffee, café
caja, la	box
calefacción, la	heating (in a house)
calendario, el	calendar
calentar	to heat
caliente	hot
calle, la	street
callejero/a	street (of or pertaining to)
cama, la	bed
caminar	to walk
camisa, la	shirt
campo, el	countryside, field
cansado/a	tired

---

[1] El presente glosario incluye términos que aparecen la lo largo del Libro del estudiante así como en sus audios correspondientes.

cápsula, la	capsule
cara, la	face
caricaturas, las	cartoons, caricatures
carne, la	meat
caro/a	expensive
carrera, la	race (running, cycling, etc.)
carrera (universitaria), la	degree (university)
carro, el	car, automobile
casa, la	house
casa/tienda de campaña, la	tent (camping)
casero/a	homemade
casualidad, por	by accident, by coincidence, by chance
causa, la	reason, cause
cebolla, la	onion
celular, el	cellphone, mobile phone
cementerio, el	cemetery
cena, la	dinner
cenar	to dine, have dinner
céntrico/a	central, in the center
centro, el	center, middle
centro comercial, el	mall, shopping center
centro de salud, el	health center
cerca	near
cercanía, la	closeness, nearness
cerrado/a	closed
cerrar	to close
cerro, el	hill, mountain
chamarra, la	jacket, coat
chancla, la	flip-flops, sandals
chao/chau	bye, goodbye
chatear	to chat
¡chévere!	Great!, Awesome!
chico/a	little, small
chile, el	chili, chili pepper
chofer, el/la	driver, chauffeur
chorizo, el	sausage
cifra, la	number, figure
cine, el	movies, movie theater
circuito, el	tour, circuit, track
ciudad, la	city
claro/a	of course; bright, light
clóset, el	closet
cochera, la	garage
cocina, la	kitchen
cocinar	to cook
cocinero/a, el/la	cook, chef
código, el	code
colega, el/la	friend, colleague
colibrí, el	hummingbird

colonia, la	colony, community
colorido/a	colorful
comer	to eat
comida, la	food
comida chatarra, la	junk food
cómodo/a	comfortable, convenient
compañía, la	company
completar	to complete, finish
computadora, la	computer
conceder	to give, concede
concierto, el	concert
concordancia, la	agreement
concordar	to agree
concurso, el	race, competition
condominio, el	condominium
conmigo	with me
conocer	to know, be familiar with
conquistador, el	conqueror
consejo, el	advice
consumir	to consume
consumo, el	consumption, intake
contador/a, el/la	accountant, bookkeeper
contaminante	polluting
contar	to tell, count
contenedor, el	container
contento/a	happy
conversación, la	conversation, dialogue
conversar	to talk, converse
cooperación, la	cooperation
cordón umbilical, el	umbilical cord
correo electrónico, el	email, email address
correr	to run
costa, la	coast
costar	to cost
costumbre, la	custom, habit
creer	to think, believe
crema, la	cream
cristalino/a	crystal clear
croqueta, la	croquette
crucero, el	cruise, cruise ship
cruzar	to cross
cuaderno, el	notebook
cuadra, la	block (of a city or town)
cuadro, el	box, chart, square, table
cuarto, el	fourth (math), room (living space), a quarter (time)
cuello, el	neck, collar
cuento, el	story
cuero, el	leather
cuerpo, el	body (anatomy)
cueva, la	cave
cumbre, la	summit, top, peak

cumpleaños, el	birthday
cumplir	to fulfill, achieve

D

danza, la	dance
dar	to give
dato, el	fact, information, data
debajo	underneath, beneath
debatir	to debate, discuss
deber	should, ought to
decidir	to decide
decir	to say, tell
dedicar	to dedicate
dedo, el	finger
deducir	to deduce
degustación, la	tasting
dejar	to leave
delante	in front, ahead
deletrear	to spell
delgado/a	thin
demás, lo(s)	the rest, the other(s)
demasiado	too, too much
denegar	to deny, turn down, refuse
dentro	inside, within, in
deporte, el	sport
deportes de riesgo, los	extreme export
deportivo/a	sporty, casual (clothing)
depósito, el	deposit (money)
derecha, la	right (direction)
derechos, los	rights
desarrollo, el	development, growth
desayunar	to have breakfast
desayuno, el	breakfast
descansar	to rest, relax
descanso, el	rest, relaxation
describir	to describe
desde	from, since
desear	to wish, want
desecación, la	draining (agriculture)
desembarcar	to disembark, land
deseo, el	want, wish
desierto, el	desert
despertar(se)	to wake up
después	after, later
destacar	to emphasize, highlight
detener	to stop, delay
detrás	behind
deuda, la	debt
día, el	day
diario/a	daily
dibujar	to draw
diferencia, la	difference

difícil	difficult, hard
digno/a	appropriate, worthy
dinero, el	money
dirección, la	direction, address
diseñador/a gráfico/a, el/la	graphic designer
disfrutar	to enjoy
distancia, la	distance
diversión, la	fun, entertainment
diverso/a	diverse, varied
divertido/a	fun, funny, entertaining
doblar	to turn, bend
doble (adj.)	double
doctor/a, el/la	doctor, physician
documental, el	documentary (movie, film)
dolencia, la	pain, ache
doler	to ache, hurt
dolor, el	pain, ache
doloroso/a	painful
domicilio, el	address, home residence
donar	to donate, give
donativo, el	donation
dormir	to sleep
dormitorio, el	bedroom
duda, la	doubt
dulce (adj.)	sweet
dulce, el	candy, fresh (water)
dulcería, la	candy store
duración, la	duration, length
durante	during
durar	to last, go on

E

echar	to throw, put
ecológico/a	ecological
económico/a	economic, inexpensive
edad, la	age
edificio, el	building
educación, la	education
efectivo, el	cash (money)
ejercicio (físico), el	physical exercise
ejército, el	army
electrónico/a	electronic
elegir	to elect, choose
empezar	to begin, start
encantar	to love, enjoy a lot
encima	on top, above, on
encontrar	to find
encuesta, la	survey, opinion poll
enfermedad, la	sickness, illness
enfermero/a, el/la	nurse
enfermo/a	sick, ill
enojado/a	annoyed, angry

enojar(se)	to anger, annoy
entonces	then
entrada, la	entrance, admission
entrante, el	starter (food)
entrar	to enter
entre	between, among
entrecot, el	steak
entrevista, la	interview, meeting
envío, el	delivery
época, la	period, time, age
equilibrado/a	balanced
equipado/a	equipped
equipaje (de mano), el	luggage (carry-on bags)
equipamiento, el	features, equipment
equipo, el	team, equipment
error, el	error, mistake
escalera, la	stairs, stairway
escribir	to write
escuchar	to listen to, hear
escuela, la	school
escultura, la	sculpture
esencia, la	essence
esmeralda, la	emerald
espacioso/a	spacious, roomy
espalda, la	back (anatomy)
espectáculo, el	sight, spectacle
esposo/a, el/la	spouse, husband/wife
estación, la	station, season
estacionamiento, el	parking, parking lot
estadio, el	stadium
estado de ánimo, el	mood, state of mind
este, el	East
estirar	to stretch
estómago, el	stomach
estrella, la	start
estudio, el	study
estufa, la	stove
evitar	to avoid, prevent
exactitud, la	accuracy
excursión, la	trip, outing, hike
extender	to extend, stretch
extensión, la	length, expanse, stretch

F

fabricar	to make, produce
fácil	easy
facilidad, la	ease
facilitar	to make easier, provide, facilitate
facturar (el equipaje)	to check (one's luggage)
falda, la	skirt

falso/a	false, fake
falta, la	lack
faltar	to miss, be missing
familia, la	family
familiar (adj.)	family (related to), friendly
famoso/a	famous
faringitis, la	sore throat
farmacéutico/a, el/la	pharmacist, druggist
farmacia, la	pharmacy, drugstore
fecha, la	date
feriado/a	holiday (relating to)
festejar	to celebrate
festividad, la	festivity, festival
fiebre, la	fever, temperature
fiesta, la	party, holiday
filme, el	movie, film
fiordo, el	fjord
físico/a	physical
flexión, la	extension, act of flexing or bending
flexionar	to flex, extend, bend
flojo/a	lazy, weak, loose
flor, la	flower
fluido/a	fluent (language)
formulario, el	document, form
fragmento, el	excerpt, snippet
frase, la	sentence, phrase
frecuencia, la	frequency
frecuente	frequent
frecuentemente	frequently
frijol, el	bean
frito/a	fried
frotar	to rub, scrub
fruta, la	fruit
fuente, la	fountain, spring, source
fuera	outside, out, away
fuerte	strong
fundador/a, el/la	founder
fusionar	to merge, combine
fútbol, el	soccer
futuro, el	future

G

galleta, la	cookie, cracker
ganador/a, el/la	winner
ganar	to win
garganta, la	throat
gastar	to spend
gastronomía, la	good eating (the art or science of)
gato/a, el/la	cat
gemelo/a	twin

gente, la	people			lápiz, el	pencil
gentilicio, el	nationality, reference to where someone is from			largo/a	long, lengthy
gesto, el	gesture			lavar(se)	to wash (oneself)
gimnasio, el	gym, gymnasium			lavarropas, el	washing machine
glaciar, el	glacier			lavavajillas, el	dishwasher
globo, el	balloon, world			lazo, el	link, tie, connection
gordo/a	fat, overweight			leche, la	milk
gorro, el	hat, cap			lechuga, la	lettuce
gracias	thanks, thank you			leer	to read
gramo, el	gram (unit of measurement)			legumbre, la	vegetable

mal	wrong, badly
malo/a	bad, wrong, evil
mamá/madre, la	mama/mother
manejar	to handle, manage, drive
mango, el (fruta)	mango (fruit)
mano, la	hand
mañana, la	morning, tomorrow
maquillar(se)	to make up
máquina, la	machine
marisco, el	shellfish
masa, la	mass
máscara, la	diving mask
maya	Mayan
mayor	older, higher, bigger
mayoría	majority
médico/a, el/la	doctor, physician
medioambiente, el	environment
mediodía, el	midday, noon
mejor	better
menor	younger, less
menos	less, fewer, minus
mercado, el	market
merendar	to snack
merienda, la	snack
mesa, la	table
mesero/a, el/la	server
meseta, la	plateau
metro, el	metro, subway, meter
mezcla, la	mixture, mix
microondas, el	microwave
miel, la	honey
mientras	while, as
militar (adj.)	military
mirador, el	lookout, balcony
mismo/a	same
mitad, la	half
mixto/a	mixed
mochila, la	backpack, bag
moda, la	fashion, style
modelo, el/la	model
molestar	to bother, disturb, annoy
montaña, la	mountain
monumento, el	monument
moreno/a	dark, brown
morir	to die
mostrar	to show
muchacho/a, el/la	boy/girl
mucho/a	much, a lot of
mueble, el	furniture
muela, la	molar (tooth)
mundial	world, worldwide
mundo, el	world

muralla, la	wall
músculo, el	muscle
museo, el	museum
musical, el	musical (performance)
muy	very

N

nacionalidad, la	nationality
nada	nothing
nadar	to swim
nadie	no one, nobody
naranja, la	orange
nariz, la	nose
nativo/a, el/la	native-born
naturaleza, la	nature
Navidad, la	Christmas
necesario/a	necessary, essential
necesidad, la	necessity, requirement
necesitar	to need
negro/a	black
nervioso/a	nervous
niebla, la	fog
nieto/a, el/la	nephew/niece
ningún/ninguno(a)	none, no, neither
niño/a, el/la	child, boy/girl
nivel, el	level
noche, la	night, nighttime
Nochevieja, la	New Year's Eve
nombre, el	name, number
norte, el	North
nube, la	cloud
nuevo/a	new
número, el	number
nunca	never
nutria, la	otter

O

ocio, el	leisure time
odiar	to hate, detest
oeste, el	West
oferta, la	offer
oficina, la	office
oído, el	ear, hearing
oír	to hear, to listen
ojo, el	eye
olor, el	smell, scent, odor
orden, la	order, command
oreja, la	ear
orquesta, la	orchestra
oscuro/a	dark
oso, el	bear
otro/a	other

P

paciente, el/la	patient (medical)
¡padre!, ¡padrísimo!	Great!
paisaje, el	landscape, scenery
palacio, el	palace
palomitas, las	popcorn
pan, el	bread
panadería, la	bakery, bread store
panadero/a, el/la	baker
panorámico/a	panoramic
pantalones, los	pants
pañuelo, el	handkerchief
papá/padre, el	papa, dad/father
papa, la	potato
parada (de bus), la	bus stop
parar(se)	to stop
pared, la	wall
pareja, la	couple, pair
parque, el	park
parrilla, la	grill
pasear	to walk, take a walk
paseo, el	walk, stroll
pastel, el	cake, pie
patio, el	courtyard, patio
pausa, la	pause, break, stop
pecho, el	chest (anatomy)
pedir	to ask, ask for, request
película, la	film, movie
peligroso/a	dangerous
pelo, el	hair
pelota, la	ball
peluquería, la	hair salon, barbershop
península, la	peninsula
perro/a, el/la	dog
pescado, el	fish
pescar	to fish
pesquero/a	fishing (related to)
picadillo, el	hash
picante	spicy, hot
picar	to itch, nibble (on food)
pie, el	foot
piedra, la	stone, rock
pimentón, el	pepper (vegetable)
pincho, el	triangular slice, portion; tapas (Spain)
piscina, la	pool
piso, el	floor (of a building)
pista (de tenis, de pádel...), la	court (tennis, paddleball)
plan, el	plan
plancha, a la	grilled
planta, la	plant

plantación, la	plantation	rayas, las	stripes	sal, la	salt
platicar	to talk, converse	razón, la	reason	sala, la	living room, room, hall
plato (de comida), el	plate *(of food)*; dish *(of food)*	realizar	to carry out, perform, do	salir	to leave, go out
playa, la	beach	rebanada, la	slice	salmón, el	salmon
playera, la	T-shirt	rebozar	to dip in batter	salud, la	health
plaza, la	plaza	receta, la	recipe, prescription	saludar	to greet, say hi
poder	to be able, can	rechazar	to reject, refuse, deny	sapo, el	toad
pollo, el	chicken	recoger	to collect, pick up	seco/a	dry
poner	to put, place	recordar	to remember, remind	sed, la	thirst
portarse bien/mal	to behave well/badly	recurso (económico), el	(economic) resource	seda, la	silk
postre, el	dessert	red, la	network, net	según	according to, depending on, by
practicar	to practice, try	referirse	to refer	segunda mano (ser de)	(to be) secondhand *(clothing, etc.)*
práctico/a	practical	refresco, el	soft drink, refreshment	seguro, el	insurance
precio, el	price, cost	región, la	region, area, district	seleccionar	to choose, select
preferir	to prefer	regresar	to return, go back	selva, la	jungle, forest
pregunta, la	question	reír	to laugh	semana, la	week
premio, el	prize, award, reward	reivindicación, la	grievance, revindication	sencillo/a	simple, easy
preocupado/a	worried	relacionar	to relate, match	sensibilización, la	sensitization
preparar	to prepare	relajante	relaxing	sentadilla, la	squat *(exercise)*
prestigioso/a	prestigious, influential	reloj, el	watch, clock	sentarse	to sit, sit down
primo/a, el/la	cousin	renta, la	rent	señalar	to point, indicate
problema, el	problem	rentar	to rent	serie, la	series, set
prometer	to promise	reportaje, el	coverage, report	serie de televisión, la	television series
promover	to promote, foster, advance	reservación, hacer una	to reserve, make a reservation	serio/a	serious
propuesta, la	proposal, offer	respirar	to breathe	seta, la	mushroom
proteína, la	protein	retiro de dinero, el	withdrawal of money	siempre	always, forever
prótesis, la	prosthesis *(medical)*	revista, la	magazine, journal	siesta, la	nap, siesta
próximo/a	next, close	rico/a	rich *(wealth)*, delicious	siguiente	following, after
prueba, la	test, proof, evidence	río, el	river	silla, la	chair, seat
puesto, el	market stand, place	riqueza, la	wealth	sin embargo	nevertheless, however
pulpo, el	octopus	ritmo, el	rhythm, beat	síntoma, el	symptom, sign
punto, el	point, spot	rizado/a	curly	sobrar	to remain, be left over
puntual	punctual, prompt, on time	roca, la	rock, stone	sobre	on, about
purificado/a	purified	rodeado/a	surrounded	sobrepeso, el	overweight
		rodilla, la	knee	sobrino/a, el/la	nephew/niece

Q

quedar(se)	to remain, stay	rojo/a	red	sociable	friendly, sociable
quejarse	to complain	romper	to break	sofá, el	sofa, couch
querer	to wish, want	ropa, la	clothing	sol, el	sun
queso, el	cheese	ropa de abrigo, la	overwear, warm clothing	soler	to usually do
quitar	to remove, take away	rosado/a	pinkish, rosy	solidario/a	solidary
		rubio/a	blond, light	solo/a	alone, only
		rueda, la	wheel	sombrero, el	hat

R

ración, la	portion, serving	ruido, el	noise	sonido, el	sound
rallado/a	grated	ruidoso/a	noisy	soñar	to dream
rana, la	frog	ruina, la	ruin *(architecture)*	sopa, la	soup
rápido/a	quick, fast	ruta, la	route, road, way	sorprender	to surprise
rareza, la	rarity, oddity	rutina, la	routine	sorpresa, la	surprise
raro/a	rare, unusual, odd			sostenible	sustainable

S

rascacielos, el	skyscraper	saber	to know, find out	suavizar	to soften, ease off, relax
rato, el	little while, bit of time	saco, el	coat, bag, sack	subir	to rise, go up

submarinismo, el	scuba diving
subrayar	to underline
suceder	to happen, occur
sucesivamente	successively, in turn
suéter, el	sweater
sugerencia, la	suggestion
sugerir	to suggest
sujetar	to hold, fasten, secure
supermercado/ súper, el	supermarket
sur, el	South
surgir	to arise, emerge, appear
sustituir	to replace, substitute

T

tabla, la	table, chart, board
tableta, la	pill, bar (chocolate)
taco, el	taco (food)
tallado/a	carved
taller (de autos), el	shop (car repair)
tamaño, el	size
también	also, as well
tampoco	neither
tan	so, such
tanto/a	so much
tapa, la	cover, tapa (food)
tarde, la	afternoon
tareas, las	chores, tasks, homework
tarjeta, la	card
taxi, el	taxi, cab
taza, la	cup, bowl
teatro, el	theater
tecnología, la	technology
tejido, el	fabric
tema, el	topic, theme, subject
temprano	early
tender la cama	to make the bed
tener	to have, own
tenis, los	tennis shoes, sneakers
teñir(se)	to dye, color
terminar	to finish, end
tesoro, el	treasure
tiempo libre, el	free time, leisure time
tienda, la	store, shop
tienda/casa de campaña, la	tent (camping)
tigre/esa, el/la	tiger
tijeras, las	scissors
tilde, la	accent mark
tímido/a	timid, shy
tío/tía, el/la	uncle/aunt
típico/a	typical
tipo, el	type, kind

tirar	to throw
titular, el	headline, title
toalla, la	towel
tocar	to play (musical instrument)
todavía	still, yet
todo/a	all, everything
tomar	to drink, take, have
tonelada, la	ton
torpe	awkward, clumsy
torre, la	tower
torta, la	cake
tos, la	cough
toser	to cough
tostada, la	toast
tostado/a	toasted
trabajador/a, el/la	employee, worker
trabajar	to work
trabajo, el	work, job
tráfico, el	traffic
traje de baño, el	bathing suit, swimsuit
tranquilidad, la	peace, quiet
tranquilo/a	peaceful, quiet
transporte, el	transportation
traslado, el	transfer, move
trayecto, el	journey, course
tren, el	train
triangular	triangular
triste	sad, unhappy
tristeza, la	sadness, sorrow
trocear	to cut up
tronco, el	trunk (anatomy)
truco, el	trick, gimmick
truncado/a	truncated
tumbarse	to lie down, sprawl
turismo, el	tourism
turista, el/la	tourist

U

ubicación, la	location
ubicar	to locate
últimamente	ultimately
último/a	last, latest
único/a	only
urbano/a	urban, city (relating to)
urgencias, las	emergencies
útil	useful, helpful
utilizar	to use
uva, la	grape

V

vacaciones, las	vacation
vacío/a	empty

vago/a	vague
vale	okay
válido/a	valid, meaningful
valija, la	suitcase
valorar	to rate, assess, value
vapor, el	steam, vapor
variado/a	varied, diverse
varios/as	several, some
vaso, el	glass
vegano/a	vegan
vegetal, el	vegetable
vegetariano/a	vegetarian
venir	to come
venta, la	sale
ventana, la	window
ventilador, el	fan
verano, el	summer
verdad, la	truth
verde	green
verdura, la	vegetable
vestido, el	dress, clothing
vestir(se)	to dress, get dressed
vez, la	time, turn
viajar	to travel
viaje, el	trip, journey
viajero/a, el/la	traveler
vida, la	life
visibilidad, la	visibility
visibilizar	to make visible, visualize
visionar	to view
visitar	to visit
vistas, las	views, sights
vivienda, la	dwelling, living place
vocal, la	vowel (alphabet)
volcán, el	volcano
voleibol, el	volleyball
voluntario/a, el/la	volunteer
volver	to return, go back
vómito, el	vomit
vuelo, el	flight

Y

ya	already
yegua, la	horse (mare)
yuca, la	Yucca (plants)

Z

zancada, la	stride
zapato, el	shoe
zapatos de tacón, los	high-heeled shoes
zona, la	area, region, zone

Créditos fotográficos

UNIDAD 1: Nos presentamos
Pág. 5: Empire State Building (Nueva York, Estados Unidos): Cedric Weber, Shutterstock. com; Cristo Redentor (Río de Janeiro, Brasil): Mark Schwettmann, Shutterstock.com; Auto Cuba: Javier González Leyva, Shutterstock.com; **Pág. 7:** Restaurante: Magdalena Paluchowska, Shutterstock.com; Tienda: Sorbis, Shutterstock.com; **Pág. 14:** Zócalo, México: Vincent St. Thomas, Shutterstock.com; **Pág. 18:** Rodeo: Amy K. Mitchell, Shutterstock.com; Flamenco: criben, Shutterstock.com

UNIDAD 2: Mi casa, mi barrio
Págs. 20-21: Barrio de Coyoacán, Ciudad de México: Kamira, Shutterstock.com; **Pág. 22:** BCN: J2R, Shutterstock.com; **Pág. 29:** Bellavista: JeremyRichards, Shutterstock.com; Barrio El Carmen: Tupungato, Shutterstock.com; **Págs. 32-33:** Barrio de Estambul, Turquía: tolgaildun, Shutterstock.com; **Pág. 36:** Parada bus: Sittirak Jadlit, Shutterstock.com

UNIDAD 3: Vamos de viaje
Pág. 40: Metro Argentina: tateyama, Shutterstock.com; Bus EMT: Tupungato, Shutterstock.com; **Págs. 42-43:** Museo Nacional de Bellas Artes, Argentina: photosil, Shutterstock.com; Casa Rosada, Argentina: Angelo D'Amico, Shutterstock.com; Museo Teotihuacán: Fabio Imhoff, Shutterstock.com; **Pág. 46:** Guatemala: Lucy Brown - loca4motion, Shutterstock.com; **Pág. 48:** Hotel: Daniela Constantinescu, Shutterstock.com; **Págs. 50-51:** Plaza Garibaldi: NadyaRa, Shutterstock.com; Ciclotaxi: Byelikova Oksana, Shutterstock.com; **Pág. 52:** Cudillero: Natursports, Shutterstock.com; Barcelona: TTstudio, Shutterstock.com

UNIDAD 4: En familia
Pág. 58: Penélope Cruz: Joe Seer, Shutterstock.com; Shakira: Kathy Hutchins, Shutterstock.com; Jordin Sparks: s_bukley, Shutterstock.com; Javier Bardem: Tinseltown, Shutterstock.com; Pau Gasol: Marcos Mesa Sam Wordley, Shutterstock.com; Venus Williams: Debby Wong, Shutterstock.com; Bengie Molina: Aun-Juli Riddle; **Págs. 68-69:** Desfile de Larry Underwood: Evan El-Amin, Shutterstock.com; Jack Eyers y Madeline Stuart: FashionStock.com, Shutterstock.com; Winnie Harlow: Ovidiu Hrubaru, Shutterstock. com; Mercedes-Benz Fashion Week, 2015: FashionStock.com, Shutterstock.com; **Pág. 73:** Diseño de Custo Dalmau: Sam Aronov, Shutterstock.com; Diseño de Narciso Rodríguez: lev radin, Shutterstock.com; Diseño de Carolina Herrera: Ovidiu Hrubaru, Shutterstock.com; Zapatos diseñados por Manolo Blahnik: carrie-nelson, Shutterstock.com

UNIDAD 5: Igual que todos los días
Pág. 82: Barrio La Boca: prophoto14, Shutterstock.com; **Pág. 83:** Museo del Prado: milosk50, Shutterstock.com; Museo del Oro: Mark Green, Shutterstock.com; **Págs. 86-87:** Danza del Conquistador: meunierd, Shutterstock.com; Frescos mayas de Bonampak: Belikova Oksana, Shutterstock.com

UNIDAD 6: ¡Me encanta!
Pág. 94: Mercado de San Miguel: Maks Ershov, Shutterstock.com; Museo del Prado: Joseph Sohm, Shutterstock.com;
Págs. 96-97: Museo Larco: saiko3p, Shutterstock.com; Estadio Monumental durante el clásico entre Universitario y Alianza Lima (29/09/2019): por cortesía de Raúl Centella, en Creative Commons, https://upload.wikimedia.org/wikipedia/commons/thumb/f/f1/EstadioUniversitario.jpg/800px-EstadioUniversitario.jpg; Barrio Barranco: RPBaiao, Shutterstock.com; Parque de la Exposición: Luis Alberto Pena Ramos, Shutterstock.com;
Pág. 98: Juegos de mesa: AS photo studio, Shutterstock.com;
Pág. 100: Fotos: Abd. Halim Hadi, Shutterstock.com;
Pág. 101: Restaurante: Yulia Grigoryeva, Shutterstock.com

UNIDAD 7: Buenas intenciones
Pág. 116: Festival de música: Melanie Lemahieu, Shutterstock.com

UNIDAD 8: Cuídate
Pág. 138: Máquina de venta automática: Shinjuku, Tokyo FS11, Shutterstock.com; **Págs. 140-141:** Gino Tubaro. Encuentro Cultura y Democracia, Ostende (Pinamar, Argentina): por cortesía de Romina Santarelli, Ministerio de Cultura de la Nación, en Flickr.com, https://www.flickr.com/photos/culturaargentina/26381009421

UNIDAD 9: ¡Fue increíble!
Pág. 149: Museo de Historia Natural, Londres: Tupungato, Shutterstock.com; **Pág. 150:** Guía de Frankfurt: anurakss, Shutterstock.com; **Pág. 154:** Casas Colgadas: Igor Plotnikov, Shutterstock.com; **Pág. 155:** Plaza de Bolívar, Bogotá, Colombia: Jess Kraft, Shutterstock.com; Músicos callejeros, Cuba: danm12, Shutterstock.com; **Pág. 156:** Casa Batlló: nito, Shutterstock.com; **Pág. 162:** Guía de California: padu_foto, Shutterstock.com

UNIDAD 10: Fin de trayecto
Pág. 154: Escultura de Gertrudis, Fernando Botero: Jess Kraft, Shutterstock.com; **Pág. 156:** Monumento a los Zapatos Viejos: mundosemfim, Shutterstock.com; Chiva: Alejo Miranda, Shutterstock.com; **Pág. 157:** Monumento Torre del Reloj: Andrés Virviescas, Shutterstock.com

Apéndice: Pronunciación y ortografía
Pág. 167: Flamenco: Krzyzak, Shutterstock.com